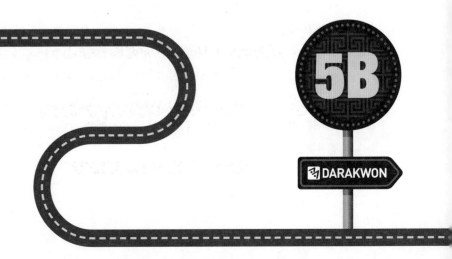

Q 하이! 코리안

Hi! KOREAN

Student's Book

5B

DARAKWON

머리말

한국어 수업 현장에서 만나는 학습자들에게 한국어를 배우는 이유를 물으면 으레 '한국 문화가 좋아서'라고 답합니다. 어찌 보면 우문에 현답 같은 이 말 속에는 언어와 문화의 관계에 대해 굳이 거창하게 언급할 필요도 없을 만큼 이미 많은 것이 담겨 있으며, 이는 한국어 학습의 가장 기초적인 도구이자 관문이 될 수 있는 교재를 만들고자 할 때 좋은 길잡이가 되어 준 동시에 큰 숙제이기도 했습니다. 더불어 '활자 상실의 시대'라는 말이 과하지 않을 정도로 영상 콘텐츠가 대세인 환경에서 한국어 학습에 다시금 교재의 필요성과 중요성을 확인시켜야 할 의무감도 있었습니다. "Hi! Korean"은 이러한 고민들 속에서 시작되었고 여러 집필진들의 노력 끝에 출간하게 되었습니다.

본 교재는 쓰기·읽기·듣기·말하기 영역의 통합 교재로 다양한 교육 기관에서 정규 과정에 활용할 수 있도록 구성하였습니다. 또한 교육 기관을 통하지 않고 한국어를 배우고자 하는 개인 학습자들도 고려하여 교재만으로도 한국어를 학습하는 데 큰 어려움이 없도록 주의를 기울였습니다. 기본적으로는 초급부터 고급까지 구성의 일관성을 유지하며 말하기·듣기·읽기·쓰기 영역을 유기적으로 제시하되 각 단계별 특징을 고려하여 구성에 일부 차이를 두었습니다. 특히 듣기와 읽기를 단원마다 제시하는 대신 단원별로 분리 제시하여 영역별 학습 집중도를 높이고 동일한 구성이 가져올 수 있는 지루함도 다소 덜어 내고자 하였습니다. 또한 듣기와 읽기 학습 시 문제 풀이 중심에서 벗어나 말하기로 정리하게 함으로써 의사소통 역량을 키우는 데 중점을 두었습니다. 더불어 기능별 심화 학습이 이루어질 수 있도록 초급과 고급까지 대단원마다 쓰기 및 말하기 항목을 따로 두어 초급과 중급에서 체계적으로 학습하고, 이후 고급의 심화 단계에서 응용할 수 있도록 하였습니다. 마지막으로 단원의 주제와 내용을 통해 한국의 오늘을 보다 현실감 있게 보여 주려고 노력하였는데, 이때 실제로 언어가 사용되는 환경과 동떨어지지 않으면서 동시에 학습에 적합한 내용을 제시하기 위해 내용은 물론 사진이나 삽화 등의 선택에도 끊임없이 고민하였습니다. 이러한 노력은 결국 이 책을 사용하여 한국어의 아름다움과 마주하게 될 미지의 학습자들을 위한 것으로 그들의 학습 여정에 도움이 될 수 있었으면 합니다.

서두에 밝힌 바와 같이 크고 무거운 숙제를 안고 교재 출간이 기획되었고 오랜 기간 여러 선생님들의 헌신과 노력 끝에 "Hi! Korean"이 완성되었습니다. 본 교재는 전·현직 홍익대학교 국제언어교육원의 한국어 교사들이 중심이 되어 기획 및 집필의 모든 과정을 함께 하였는데 쉼없이 강의와 집필을 병행하시느라 고생하신 선생님들께 감사드립니다. 또한 초급에서 고급까지 총 스무 권의 귀한 책이 나오기까지 긴 시간 편집 및 출판에 애써 주신 다락원 한국어출판부 편집진께도 깊은 감사를 드립니다.

2025년 2월
"Hi! Korean" 집필진 일동

일러두기

〈Hi! Korean Student's Book 5〉은 '1단원~12단원'으로 구성되어 있고 한 단원은 '소단원 1, 2, TOPIK 유형으로 확인하기'로 이루어져 있다. '소단원 1'은 '문법, 연습, 어휘, 듣기, 과제', '소단원 2'는 '문법, 연습, 어휘, 읽기, 과제, 어휘 늘리기', 'TOPIK 유형으로 확인하기'는 문법과 네 가지 기능별 영역의 TOPIK 실전 연습으로 구성되었다.

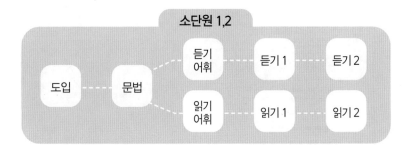

소단원 1,2

도입 → 문법 → 듣기 어휘 → 듣기 1 → 듣기 2
문법 → 읽기 어휘 → 읽기 1 → 읽기 2

TOPIK 유형으로 확인하기

- 문법과 표현
- 읽기
- 듣기
- 말하기
- 쓰기

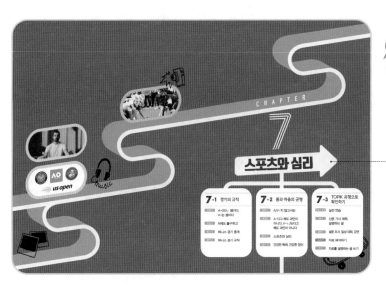

단원 소개

단원의 주제와 학습 목표를 알려 준다.

소단원 1, 2

도입

학습할 내용을 추측할 수 있도록 주제와 관련된 사진과 질문을 제시한다.

'문법 제시', '기본 연습', '확장 연습'으로 구성

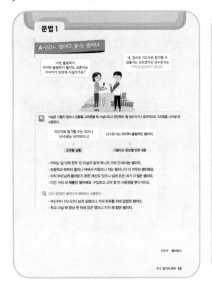

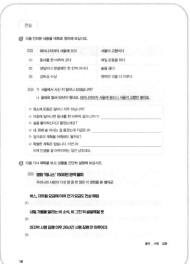

소단원마다 2개의 목표 문법을 제시한다. 도식화된 문형 정보, 예문을 제시하여 목표 문법에 대한 이해를 돕는다. 단계적 활용 및 확장 연습을 통해 목표 문법의 실제적인 사용 능력을 향상시킨다.

듣기 어휘 　　　　　　　　　　　　　　　　 읽기 어휘

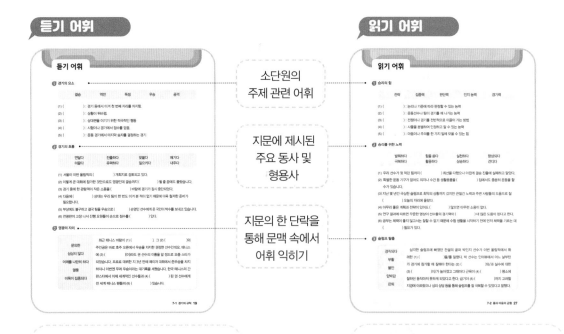

소단원의
주제 관련 어휘

지문에 제시된
주요 동사 및
형용사

지문의 한 단락을
통해 문맥 속에서
어휘 익히기

듣기 전 단계에서 듣기 1, 2의 지문에 포함된 새 어휘 및 주요 어휘의 의미와 쓰임을 미리 학습한다.

읽기 전 단계에서 읽기 1, 2의 지문에 포함된 새 어휘 및 주요 어휘의 의미와 쓰임을 미리 학습한다.

듣기

듣기 1, 2로 구성되어 있다.

'듣기 1'에서는 짧은 듣기를 통해 소단원의 주제와 관련된 배경지식과 경험을 환기할 수 있도록 사진이나 그림 등과 함께 간단한 질문을 제시하였다. '듣기 2'는 특정 분야에 대한 대화나 강연 등을 듣고 내용을 파악한 후 과제를 수행할 수 있도록 구성하였다.

읽기

읽기 1, 2로 구성되어 있다.

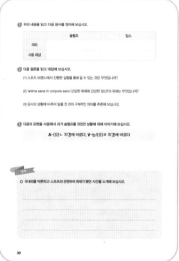

'읽기 1'에서는 책의 표지나 도표, 신문 기사의 제목 등 다양한 형태의 짧은 텍스트를 통해 배경지식을 환기하고 '읽기 2'의 지문을 이해하는 데 필요한 사전 정보를 습득할 수 있도록 구성하였다. '읽기 2'는 특정 분야에 대한 긴 글을 읽고 내용을 파악한 후 과제를 수행할 수 있도록 구성하였다.

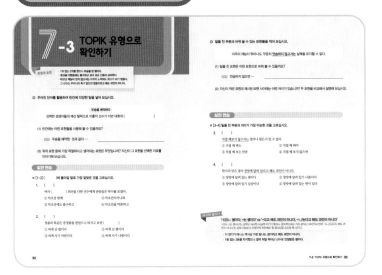

문법과 표현 – 실전 연습

단원에서 학습한 문법과 표현을 확인하고 TOPIK II 읽기 영역의 전반부에 출제되는 문법 평가 문항의 형식에 맞춰 다시 한 번 의미와 쓰임을 익히도록 한다.

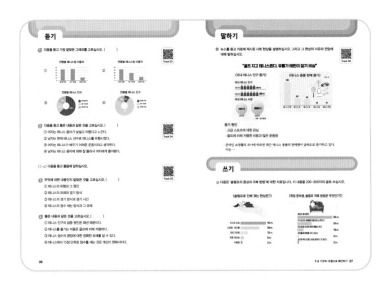

읽기

단원의 주제와 관련된 읽기 지문들을 TOPIK II 읽기 영역 문항들의 형식에 맞춰 학습할 수 있도록 구성하였다.

듣기, 말하기, 쓰기

단원의 주제와 관련된 듣기 지문 및 말하기, 쓰기를 TOPIK II 각 영역의 출제 형식에 맞춰 학습할 수 있도록 구성하였다.

어휘 늘리기

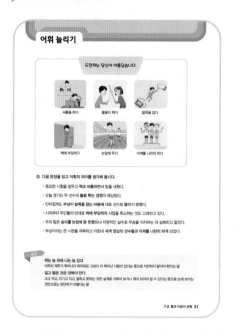

단원의 주제와 관련된 보다 다양한 범주의 어휘들을 학습하고 한국어 속담도 함께 익힐 수 있도록 구성하였다.

부록

정답, 듣기 대본, 어휘 색인을 제공하여 학습한 내용을 확인할 수 있게 한다. 또한 TOPIK 쓰기를 연습할 수 있는 '쓰기 연습용 원고지'도 제공하고 있다.

목차

교재 구성표

단원		문법	어휘 늘리기	활동	
07 스포츠 와 심리	**7-1** 경기의 규칙	• A-(으)ㄴ 셈이다, V-는 셈이다 • N에도 불구하고	• **스포츠와 관련된 관용 표현** : 씨름을 하다, 불꽃이 튀다, 발목을 잡다 …	**듣기 1** 테니스 경기 중계	**듣기 2** 테니스 경기 규칙
	7-2 몸과 마음의 균형	• A/V-지 않고서는 • A-다고 해도 과언이 아니다, V-ㄴ/는다고 해도 과언이 아니다	• **속담** : 뛰는 놈 위에 나는 놈 있다, 길고 짧은 것은 대봐야 안다	**읽기 1** 스포츠와 심리	**읽기 2** 건강한 육체, 건강한 정신
	7-3 TOPIK 유형으로 확인하기	**TOPIK 읽기** • 신문 기사 제목 • 설명하는 글	**TOPIK 듣기** • 설문 조사 • 일상 대화 • 강연	**TOPIK 말하기** 자료 해석하기	**TOPIK 쓰기** 자료를 설명하는 글 쓰기
08 현대인 의 정신 건강	**8-1** 중독 관리	• A/V-아/어 봤자 • V-기 일쑤이다	• **부정적인 감정을 표현하는** **어휘** : 우울하다, 무섭다, 귀찮다, 괴롭다, 답답하다 …	**듣기 1** 스마트폰 중독	**듣기 2** 여러 중독 현상
	8-2 우울과 불안	• A-(으)ㄴ가 하면, V-는가 하면 • A/V-지	• **속담** : 열 길 물속은 알아도 한 길 사람 속은 모른다, 여자가 한을 품으면 오뉴 월에도 서리가 내린다	**읽기 1** 불안 장애 테스트	**읽기 2** '극단적 선택'은 선택일까?
	8-3 TOPIK 유형으로 확인하기	**TOPIK 읽기** • 광고문 • 주장하는 글 • 설명하는 글	**TOPIK 듣기** • 설문 조사 • 일상 대화 • 상담	**TOPIK 말하기** 자료 해석하기	**TOPIK 쓰기** 주제에 대해 글 쓰기
09 가치관 의 변화	**9-1** 일과 삶의 조화	• A/V-(으)ㄹ 법하다 • A/V-(으)ㄹ 테지만	• **가족 관계 호칭** : 아내의 가족 호칭, 남편의 가족 호칭	**듣기 1** 두 번째 직업	**듣기 2** 일과 개인의 생활
	9-2 고령화 시대와 가족	• A/V-(으)면 그만이다 • N은/는 고사하고	• **속담** : 우물을 파도 한 우물을 파라, 초년고생은 사서라 도 한다	**읽기 1** 실버타운	**읽기 2** 고령화 가족
	9-3 TOPIK 유형으로 확인하기	**TOPIK 읽기** • 신문 기사 제목 • 주장하는 글 • 설명하는 글	**TOPIK 듣기** • 일상 대화 • 인터뷰 • 강연	**TOPIK 말하기** 자료 해석하기	**TOPIK 쓰기** 주제에 대해 글 쓰기

CHAPTER

7

스포츠와 심리

7-1 경기의 규칙

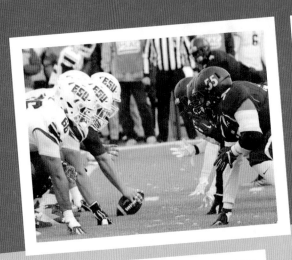

• 여러분 나라에서 대중적으로 인기 있는 프로 스포츠는 무엇입니까?

• 사람들이 스포츠 관람을 즐기는 이유가 뭐라고 생각합니까?

문법 1

A-(으)ㄴ 셈이다, V-는 셈이다

이번 올림픽이 마지막 올림픽이 될지도 모른다는 이야기가 있던데 사실인가요?

네, 앞으로 지도자로 참가할 수 있을지는 모르겠지만 선수로서는 마지막 올림픽인 셈이죠.

❗ 사실은 그렇지 않으나 상황을 고려했을 때 사실이라고 판단해도 될 정도이거나 결과적으로 그러함을 나타낼 때 사용한다.

지도자로 참가할 수는 있으나
(선수로는 마지막이니)

선수로서는 **마지막 올림픽인 셈이다.**

↓

↓

고려할 상황

그렇다고 판단할 만한 내용

- 커피는 일 년에 한두 잔 마실까 말까 하니까 거의 안 **마시는 셈이지.**
- 초등학교 때부터 할머니 댁에서 자랐으니 저는 할머니가 다 **키우신 셈이에요.**
- 아직 부모님께 물려받지 못한 재산도 있으니 실제 돈은 네가 더 **많은 셈이야.**
- 이건 거의 새 **제품인 셈이에요.** 구입하고 고작 몇 번 사용했을 뿐이거든요.

🔍 'A/V-았/었던 셈이다'의 형태로도 사용한다.

- 부산까지 15시간이 넘게 걸렸으니 거의 하루를 차에 **있었던 셈이다.**
- 학교 다닐 때 항상 맨 뒤에 앉곤 했으니 키가 꽤 **컸던 셈이지.**

지도자 | 물려받다

연습

1 다음 인터뷰 내용을 대화로 정리해 보십시오.

보기	태어나자마자 서울에 오다	서울이 고향이다
(1)	동네를 한 바퀴씩 걷다	매일 운동을 하다
(2)	생일이나 명절에만 한 잔씩 마시다	술을 끊다
(3)	감독상 수상	원하던 것을 다 이루다

보기　가　서울에서 사신 지 얼마나 되셨습니까?

　　　나　올해로 벌써 50년이 됐네요. 태어나자마자 서울에 왔으니 서울이 **고향인 셈이죠.**

> 가 평소에 운동은 얼마나 자주 하십니까?
> 나 아침에 일어나면 동네를 한 바퀴씩 걸으니까 (1) _____
> 가 술을 좋아하신다고 들었는데요?
> 나 네, 원래 술 마시는 걸 즐겼는데 지금은 (2) _____
> 가 앞으로의 계획을 여쭤봐도 될까요?
> 나 특별한 계획은 없습니다. 이번 (3) _____
> 　 이제 인생을 잘 마무리하는 일만 남았네요.

2 다음 기사 제목을 보고 상황을 간단히 설명해 보십시오.

보기　**영화 '테니스' 1500만 관객 돌파**

우리나라 사람의 다섯 명 중 한 명은 이 영화를 본 셈이군.

버스, 지하철 요금에 이어 전기 요금도 인상 예정

(1)

내일 가을을 알리는 비 소식, 비 그친 뒤 쌀쌀해질 듯

(2)

마지막 사형 집행 이후 26년간 사형 집행 안 이루어져

(3)

돌파 | 사형 | 집행

16

문법 2

그렇습니다. 홈 팀의 일방적인 응원과 심리적 압박에도 불구하고 흔들리지 않고 최고의 결과를 만들어 냈습니다.

우리 선수들, 꼭 이겨야 하는 경기라서 부담이 엄청났을 텐데 정말 대단합니다.

❗ 선행절의 상태나 상황으로 예상할 수 있는 것과 다른 결과 혹은 반대의 결과가 후행절에 나타날 때 사용한다.

심리적 압박에도 불구하고	최고의 결과를 만들어 냈다.
↓	↓
실제 상태나 상황	예상과는 다른 결과

- 궂은 **날씨에도 불구하고** 많은 팬들이 경기장을 찾아 주셨습니다.
- 선수들의 눈부신 **활약에도 불구하고** 결국 팀은 승리를 놓치고 말았다.
- 어려운 **상황에도 불구하고** 최선의 노력을 다 해주신 여러분들께 감사를 전합니다.

🔍 'A/V-(으)ㅁ에도 불구하고', 'A-(으)ㄴ데도 불구하고, V-는데도 불구하고'의 형태로도 사용한다.

- 그는 팀에서 가장 **막내임에도 불구하고** 뛰어난 능력으로 인정을 받고 있다.
- 예상보다 비가 많이 **왔음에도 불구하고** 가뭄이 완전히 해소되지는 않았다.
- 이 지역은 다른 지역에 비해 물가가 **비싼데도 불구하고** 관광객이 증가하고 있다.

굿다

1 상황을 극복하고 이루어낸 결과를 대화로 완성해 보십시오.

보기	시각 장애	점자책으로 공부해서 명문대에 합격하다
(1)	고령의 나이	철인 3종 경기에 출전하다
(2)	주위의 반대	의사를 그만두고 가수가 되다
(3)	심각한 부상	포기하지 않고 끝까지 최선을 다하다

보기 가 저기 뉴스에 나오는 학생, 정말 대단하네.

나 맞아. **시각 장애에도 불구하고** 점자책으로 공부해서 명문대에 합격했다니.

(1) 가 카린 씨, 할머니는 건강하세요?

　　나 그럼요. _____

(2) 가 저 가수는 원래 의사였다면서?

　　나 응, _____

(3) 가 손석우 선수는 이번에 금메달을 딸 줄 알았는데 정말 아까워.

　　나 하지만 _____

2 다음 사진을 보고 상황을 추측해서 이야기해 보세요.

보기 동물 보호법 : 동물 보호법이 **강화됐음에도 불구하고** 아직도 키우던 강아지를 버리는 사람들이 많은가 봐요.

(1) 음주 운전 사고

(2) 기름값

(3) 에너지

듣기 어휘

1 경기의 요소

결승	역전	득점	우승	공격

(1) (　　　　　) : 경기 등에서 이겨 첫 번째 자리를 차지함.

(2) (　　　　　) : 상황이 뒤바뀜.

(3) (　　　　　) : 상대편을 이기기 위한 적극적인 행동

(4) (　　　　　) : 시험이나 경기에서 점수를 얻음.

(5) (　　　　　) : 운동 경기에서 마지막 승자를 결정하는 경기

2 경기의 흐름

연달다	진출하다	맞붙다	매기다
이끌다	유력하다	일으키다	내주다

(1) 서울이 이번 올림픽의 (　　　　　) 개최지로 검토되고 있다.

(2) 이렇게 큰 대회에 참가한 것만으로도 영광인데 결승까지 (　　　　　) 될 줄 꿈에도 몰랐습니다.

(3) 경기 중에 한 관람객이 작은 소동을 (　　　　　) 바람에 경기가 잠시 중단되었다.

(4) 다음에 (　　　　　) 상대는 우리 팀이 한 번도 이겨 본 적이 없기 때문에 더욱 철저한 준비가 필요합니다.

(5) 부상에도 불구하고 결국 팀을 우승으로 (　　　　　) 손영민 선수에게 온 국민이 박수를 보내고 있습니다.

(6) 전광판이 고장 나서 진행 요원들이 손으로 점수를 (　　　　　) 있다.

3 영광의 자리

문외한 심상치 않다 어깨를 나란히 하다 열풍 이목이 집중되다	최근 테니스 바람이 (1) (　　　　　). 그 (2) (　　　　　)의 주인공은 바로 호주 오픈에서 우승을 차지한 권정현 선수인데요. 테니스에 (3) (　　　　　)(이)라도 권 선수의 이름을 알 정도로 요즘 스타가 되었습니다. 프로로 데뷔한 지 3년 만에 메이저 대회에서 준우승을 차지하더니 이번엔 무려 우승이라는 대기록을 세웠습니다. 한국 테니스의 간판스타에서 이제 세계적인 선수들과 (4) (　　　　　) 된 권 선수에게 전 세계 테니스 팬들의 (5) (　　　　　) 있습니다.

듣기 1

● 다음은 테니스 중계를 보면서 나누는 대화입니다. 잘 듣고 질문에 답하십시오.

Track 01

1 현재 경기 상황은 어떻습니까?

2 권정현 선수의 작년과 올해 성적은 어떻습니까?

3 테니스에서 0점을 뭐라고 부릅니까? 그 이유에 대해 어떻게 설명하고 있습니까?

듣기 2

● 여러분은 테니스에 대해 얼마나 알고 있습니까? 다음 프로그램을 듣고 테니스 경기 규칙과 용어에 대해 알아봅시다.

Track 02

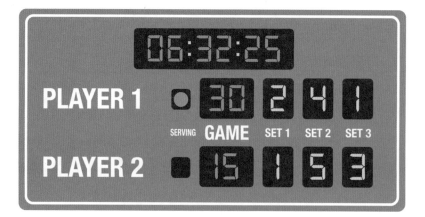

쾌거 | 붐 | 장본인 | 낭만적

1 다음 빈칸에 테니스에 대한 정보를 간단히 메모해 보십시오.

시초	시기 및 대상		경기 방법	
득점 구성	포인트 (point) → ( ) → ( ) → 매치 (match)			
점수 명칭	0점	1점	2점	3점
	러브 (love)			

2 테니스 점수의 명칭에 대한 유래에는 어떤 것들이 있습니까?

러브 (love)	• 숫자 '0'이 달걀 모양과 비슷해 프랑스어로 '뢰프(l'œuf)'라고 불렀고 이후 '러브(love)'로 바뀌었다. •
15점 단위	•

과제

○ 여러분은 어떤 스포츠에 관심이 있습니까? 경기 방법 및 규칙 등에 대해 간단히 설명해 보십시오.

경기 방법 및 규칙	• 경기 인원 : • 경기장 및 사용 도구 : • 규칙 :
대표적인 대회	
유명 선수	

신조어 │ 업계 │ 경 │ 성직자 │ 설 │ 중세 │ 편의상 │ 명언 │ 축소판

7-2 몸과 마음의 균형

- 슬럼프를 경험해 본 적이 있습니까? 언제, 어떤 상황에서 슬럼프가 왔습니까? 그것을 어떻게 극복했습니까?

- 신체적 건강 상태가 정신 건강에도 영향을 준다고 느낀 적이 있습니까?

문법 1

A/V-지 않고서는

성공한 선수들을 보면 뛰어난 운동 실력말고도 특별한 멘탈 관리 능력이 있는 것 같습니다.

맞습니다. 엄청난 압박과 스트레스를 이겨내지 않고서는 승부의 세계에서 살아남을 수 없을 테니까요.

선행절의 내용이 당연하거나 필수적임을 강조하여 그렇지 않을 경우 후행절의 상황이 불가능함을 나타낼 때 사용한다.

압박과 스트레스를 **이겨내지 않고서는** 승부의 세계에서 살아남을 수 없다.

↓ ↓

가정의 상황   **불가능한 상황**
(필수적인 조건을 갖추지 못함)

- 그가 협박을 **받지 않고서는** 그런 결정을 내렸을 리 없다.
- 직접 **보지 않고서는** 뭐라 말씀드리기가 곤란하네요.
- 일이 많아서 밤을 **새우지 않고서는** 끝낼 수 없을 것 같습니다.
- 웬만큼 실력을 **갖추지 않고서는** 프로 선수가 될 수 없어요.

명사의 경우 'N이/가 아니고서는'의 형태로 사용한다.

- **방학이 아니고서는** 그렇게 오래 여행을 가기가 어렵죠.
- **전문가가 아니고서는** 그게 가짜라는 걸 알아보기 쉽지 않아요.

승부 | 웬만큼

1 다음 뉴스에서 말하고 있는 상황에 대해 원인을 분석해서 써 보십시오.

> 보기 "요즘 대형 마트마다 시식 코너에 한층 신경을 쓰고 있다고 합니다."
>
> → 아무래도 직접 **먹어 보지 않고서는** 새로운 제품을 사기가 쉽지 않을 테니까요.

(1) "내 집을 마련하려는 젊은 층이 늘면서 동시에 은행 대출 금액도 큰 폭으로 증가하고 있습니다."

→ _____

(2) "이번 조사에서 학생들의 희망 직업으로 의사나 변호사 등 전문직을 선호하는 경향이 뚜렷하게 나타나고 있습니다."

→ _____

(3) "경기 침체로 소비가 위축되는 가운데 로또나 연금 복권의 판매량은 오히려 증가하고 있다고 합니다."

→ _____

2 다음의 문제를 어떻게 해결해 나가야 합니까? 다음의 문장을 완성해 보십시오.

> 보기 **부의 양극화** : 사람들의 인식
>
> → 사람들의 인식을 **바꾸지 않고서는** 부의 양극화를 해결할 수 없다.

(1) **지구 온난화** : 탄소 배출

→ _____

(2) **AI 시대의 일자리 감소** : 사회 복지 제도

→ _____

코너 | 한층 | 양극화 | 탄소 | 배출

문법 2

A-다고 해도 과언이 아니다, V-ㄴ/는다고 해도 과언이 아니다

두 선수 모두 정말 멋진 플레이를 보여 주고 있네요.

네, 오늘 이 경기가 테니스 역사상 가장 빛나는 경기라고 해도 과언이 아닐 것 같습니다.

> 어떤 상황을 설명할 때 제시된 표현을 사용한다고 해도 정도가 지나치거나 과장이 아님을 강조할 때 사용한다.

이 경기가 ⟶ 가장 빛나는 **경기라고 해도 과언이 아니다.**

↓

상황 설명 (과장이 아님)

- 스마트폰의 발명이 인류의 미래를 **바꿔놨다고 해도 과언이 아니다.**
- 두 선수의 운명이 **달려있다고 해도 과언이 아닐** 만큼 오늘 경기는 중요합니다.
- 지역 개발이 더딘 이유는 잘못된 정부 정책이 발목을 잡았기 **때문이라고 해도 과언이 아닐 것이다.**
- 야구는 **투수 놀음이라고 해도 과언이 아닐** 정도로 투수의 비중이 크다고 할 수 있다.
- 비가 어찌나 많이 내렸는지 하늘에서 물 폭탄이 **떨어졌다고 해도 과언이 아닐** 정도였어요.

놀음 ｜ 어찌나 ｜ 폭탄

1 다음과 같은 사실에 대한 평가를 보기와 같이 완성해 보십시오.

사실		평가
보기	이제 김치가 없으면 밥을 못 먹는다	한국 사람이 다 되다
(1)	친구가 구해 준 적이 있다	생명의 은인이다
(2)	한국은 카페가 정말 많다	대부분의 한국 사람들이 매일 커피를 마시다
(3)	요즘 책이 잘 안 팔린다	

> 보기 가 이제 김치가 없으면 밥을 못 먹겠어.
>
> 나 한국 사람이 다 **됐다고 해도 과언이 아니네.**

(1) 가 수영을 못해서 바다에 빠졌을 때 친구가 구해 준 적이 있어요.

　　나 _____

(2) 가 한국은 다른 나라에 비해서 카페가 정말 많은 것 같아요.

　　나 _____

(3) 가 동영상을 많이 봐서 그런지 요즘 책이 잘 안 팔린대요.

　　나 _____

2 다음 자료를 보고 대상이나 상황에 대한 의견을 써 보십시오.

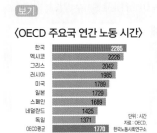

(1)

(2)

> 보기 한국 직장인들은 세계에서 가장 일을 많이 **한다고 해도 과언이 아니에요.**

(1) _____

(2) _____

읽기 어휘

1 승리의 힘

전략	집중력	판단력	인지 능력	경기력

(1) ( ) : 논리나 기준에 따라 판정할 수 있는 능력

(2) ( ) : 운동선수나 팀이 경기를 해 나가는 능력

(3) ( ) : 전쟁이나 경기를 전반적으로 이끌어 가는 방법

(4) ( ) : 사물을 분별하여 인정하고 알 수 있는 능력

(5) ( ) : 마음이나 주의를 한 가지 일에 모을 수 있는 힘

2 승리를 위한 노력

발휘하다	힘을 쏟다	실천하다	향상되다
극복하다	활용하다	상승하다	견디다

(1) 우리 선수가 젖 먹던 힘까지 ( ) 최선을 다했으나 아깝게 결승 진출에 실패하고 말았다.

(2) 특별한 운동 기구가 없어도 의자나 수건 등 생활용품을 ( ) 집에서도 충분히 운동을 할 수가 있습니다.

(3) 지난 몇 년간 극심한 슬럼프로 최악의 상황까지 갔지만 끈질긴 노력과 주변 사람들의 도움으로 잘 ( ) 오늘의 자리에 올랐다.

(4) 아무리 좋은 계획과 전략이 있어도 ( ) 않으면 아무런 소용이 없다.

(5) 연구 결과에 따르면 꾸준한 명상이 선수들의 경기력이 ( ) 데 많은 도움이 된다고 한다.

(6) 공부는 체력이 좋지 않고서는 잘할 수 없기 때문에 수험 생활을 시작하기 전에 먼저 체력을 기르는 데 ( ) 필요가 있다.

3 슬럼프 탈출

경직되다 부활 불안 압박감 은퇴	심각한 슬럼프에 빠졌던 전설의 골퍼 박인지 선수가 이번 올림픽에서 화려한 (1) ( )을/를 알렸다. 박 선수는 인터뷰에서 어느 날부턴가 경기에 참가할 때 잘해야 한다는 (2) ( )와/과 실수에 대한 (3) ( )이/가 높아졌고 그때마다 근육이 (4) ( ) 평소에 잘하던 동작마저 못하게 되었다고 한다. 급기야 (5) ( )까지 고려할 지경에 이르렀으나 심리 상담 등을 통해 슬럼프를 잘 극복할 수 있었다고 말했다.

읽기 1

★ 다음은 스포츠 선수들이 남긴 말들입니다. 이 말들을 통해 선수들이 전하고자 하는 의미를 생각해 봅시다.

"정신 건강이 우선이라고 생각한다. 그렇지 않으면 경기를 즐길 수도 없고 원하는 만큼 성과를 내기도 어렵기 때문이다."

– 시몬 바일스

"프로 운동선수는 칭찬을 받을 때도 스스로를 컨트롤 할 수 있는 능력, 쏟아지는 비난에도 상처받지 않는 심장도 가져야 한다."

– 박지성

"처음부터 겁먹지 말자. 막상 가 보면 아무것도 아닌 게 세상엔 참으로 많다."

– 김연아

"난 슬럼프가 와도 슬럼프라고 생각하지 않았다. 정말 슬럼프는 자기 내면에 있는 꾀병이다. 어떻게 생각하냐에 따라 달라지는 것이기 때문에 이걸 난 슬럼프라고 생각을 안 했다."

– 이상화

읽기 2

★ 신체 건강과 정신 건강은 서로 어떤 관계가 있을까요? 다음을 읽고 질문에 대답해 보십시오.

건강한 육체, 건강한 정신

'심각한 슬럼프에 빠졌던 전설의 골퍼, 이번 대회에서 화려한 부활을 알리다.'
'국가대표 에이스, 입스(yips)의 악몽을 극복하지 못하고 결국 은퇴 선언.'

(가) 스포츠면에서 이런 비슷한 기사의 제목을 종종 볼 수 있다. 슬럼프는 일정 기간 동안 성과가 낮아지는 상태를 의미하는데 신체적, 심리적, 환경적 요인 등 다양한 원인에 의해 발생할 수 있으며 운동선수뿐만 아니라 예술가, 직장인 등 다양한 분야에서 사용되어 일반인들에게도 친숙한 용어이다. 이에 반해 입스는 골프나 야구 등 주로 스포츠에 사용되는 용어로 압박감이나 불안이 증가하는 상황이 되면 근육이 경직되고 급기야 평소에는 잘하던 동작도 제대로 못하는 지경에 이르게 되는 것을 말한다. 이렇듯 스포츠에서는 선수의 신체적 능력이 필수적인 조건이자 결과를 결정짓는 중요한 요소이지만 정신적 측면도 결과에 상당한 영향을 끼친다.

▶ 내용 확인

1. 소재
   (가) 운동선수들의
      심리적 문제,
      슬럼프와 입스

(나) 그렇다면 반대로 두뇌를 활용하여 전략을 세우고 결정을 내려야 하는 '브레인 스포츠' 분야의 경우, 선수들의 신체적 운동 능력이 경기력에 영향을 미칠까? 언뜻 생각하면 고도의 집중력과 판단력, 압박과 스트레스를 견딜 수 있는 강한 정신력이 중요하기 때문에 일반 스포츠에 비해 정신적, 심리적 측면이 더욱 중요하게 작용할 뿐 신체적 운동 능력이 경기력 향상에 도움이 될 거라고 생각하기 어렵다. 그런데 2023년 한 유명 스포츠 브랜드에서 진행한 흥미로운 실험을 통해 이러한 예상은 한낱 선입견에 불과한 것임을 알 수 있었다.

(다) 실험은 e-스포츠 선수, 마작 선수, 체스 선수, 그리고 기억력 챔피언을 대상으로 진행하였다. 이들은 일주일에 30분도 운동을 하지 않는다는 공통점을 가지고 있었는데, 실험을 통해 만약 이들이 꾸준히 운동을 하면 두뇌 활동이 더 활발해지고 그들의 경기력이 더 향상되는지를 알아보고자 하였다. 이들은 전문가의 도움을 받아 약 4개월간 유산소 운동과 근력 운동을 병행하였고, 그 결과는 놀라웠다. 운동 후 선수들의 집중력은 33%, 인지 능력은 10% 상승한 반면 불안감은 45% 감소했으며 무엇보다 선수들의 국제 대회 랭킹은 75%나 상승했다. 실험을 주도한 전문가는 이 실험을 통해 운동이 인지 능력 향상에 확실한 도움이 된다는 것을 증명했다고 밝힌 바 있다.

(라) 라틴어 문구 'Anima sana in corpore sano (건강한 육체에 건강한 정신)'는 신체가 건강해야 정신 활동도 건강할 수 있다는 의미로 신체 건강의 중요성을 강조하기 위해 지금까지 스포츠와 교육 분야에서 널리 사용되어 왔다. 앞서 실험을 진행한 스포츠 브랜드 역시 이 문구에서 이름을 만들었으며 자신들의 실험을 통해 그 정신을 증명했다고 해도 과언이 아니다. 원래 이 문구는 로마 검투사들과 그들에게 열광하는 사람들을 비판할 목적으로 쓴 풍자시의 일부로 ㉠ 현재의 의미와 정반대로 쓰였는데, 이후 이 구절만 떼어져 신체의 건강과 운동의 중요성을 강조하는 데 사용되고 있다.

(마) 스포츠 선수들의 목표는 그들의 운동 능력을 최대한 발휘하여 좋은 기록을 내고 최고가 되는 것이며, 그러기 위해서 운동 능력뿐만 아니라 정신 능력의 향상에도 힘을 쏟는다. 그리고 이러한 인과 관계는 자연스럽게 받아들여진다. 이와 달리 운동으로 신체적 건강은 물론 정신적 건강까지 얻을 수 있다는 사실은 오래전부터 내려온 유명한 문구나 캠페인의 캐치프레이즈일 뿐이었으나 이제는 직접 실천해야 할 과제이다. 신체적 건강과 정신적 건강은 별개의 가치가 아닌, 불가분의 관계이며 운동을 통해 이 두 가지를 이루어낼 수 있다. 건강한 육체에 건강한 정신이 깃드는 법이므로 ….

(나) _____

(다) 운동이 인지 능력에 미치는 영향 – 실험

(라) _____

(마) _____

2. 주제
_____
_____
_____

▶ 표현 확인

평소에는 잘하던 동작도 제대로 못하는 지경에 이르게 된다.

A-(으)ㄴ, V-는/(으)ㄹ 지경에 이르다
: 상황이 어떠한 정도의 상태가 되다

예 부상을 숨겨 오다가 더 이상 경기에서 뛸 수 없는 지경에 이르러서야 부상 사실을 알렸다.

성과 | 겁먹다 | 막상 | 참으로 | 내면 | 꾀병 | 슬럼프 | 친숙하다 | 두뇌 | 언뜻 | 고도 | 측면 | 한낱 | 선입견 | 마작
체스 | 병행하다 | 주도하다 | 검투사 | 풍자시 | 구절 | 캠페인 | 캐치프레이즈 | 별개 | 깃들다

1 위의 내용을 읽고 다음 용어를 정리해 보십시오.

	슬럼프	입스
의미		
사용 대상		

2 다음 질문을 읽고 대답해 보십시오.

(1) 스포츠 브랜드에서 진행한 실험을 통해 알 수 있는 것은 무엇입니까?

(2) 'anima sana in corpore sano (건강한 육체에 건강한 정신)'의 유래는 무엇입니까?

(3) 당시의 상황에 비추어 밑줄 친 ㉮의 구체적인 의미를 추론해 보십시오.

3 다음의 표현을 사용해서 과거 슬럼프를 겪었던 상황에 대해 이야기해 보십시오.

A-(으)ㄴ 지경에 이르다, V-는/(으)ㄹ 지경에 이르다

과제

○ 국내외를 막론하고 스포츠와 관련하여 화제가 됐던 사건을 소개해 보십시오.

어휘 늘리기

도전하는 당신이 아름답습니다.

씨름을 하다

불꽃이 튀다

발목을 잡다

벽에 부딪히다

눈앞에 두다

어깨를 나란히 하다

⦿ 다음 문장을 읽고 어휘의 의미를 생각해 봅시다.

· 중요한 시험을 앞두고 **책과 씨름하면서** 밤을 새웠다.

· 오늘 경기는 두 선수의 **불꽃 튀는 경쟁**이 예상된다.

· 안타깝게도 **부상이 발목을 잡는 바람에** 대표 선수로 뽑히지 못했다.

· 시작부터 주민들의 반대로 **벽에 부딪히자** 사업을 취소하는 것도 고려하고 있다.

· 우리 팀은 **승리를 눈앞에 둔 듯했으나** 치명적인 실수로 우승을 자치하는 데 실패하고 말았다.

· 부상이라는 큰 시련을 극복하고 마침내 세계 정상의 **선수들과 어깨를 나란히 하게** 되었다.

속담

· **뛰는 놈 위에 나는 놈 있다**
아무리 재주가 뛰어나다 하더라도 그보다 더 뛰어난 사람이 있다는 뜻으로 자만하지 말아야 한다는 말

· **길고 짧은 것은 대봐야 안다**
크고 작고, 이기고 지고, 잘하고 못하는 것은 실제로 겨루어 보거나 겪어 보아야 알 수 있다는 뜻으로 눈에 보이는 것만으로는 판단하기 어렵다는 말

7-3 TOPIK 유형으로 확인하기

문법과 표현
- 1위 없는 2위를 했으니 **우승을 한 셈이다.**
- **최선을 다했음에도 불구하고** 결국 결승 진출에 실패했다.
- **타고난 재능이 있지 않고서는** 아무리 노력해도 최고가 되기 힘들다.
- 그 선수는 우리나라 축구 발전의 **영웅이라고 해도 과언이 아니다.**

◎ 주어진 단어를 활용하여 빈칸에 다양한 말을 넣어 보십시오.

우승을 예약하다

강력한 경쟁자들의 예선 탈락으로 이홍익 선수가 이번 대회의 ( ).

(1) 빈칸에는 어떤 표현들을 사용해 볼 수 있을까요?

> 보기 우승을 예약한 것과 같다 … _____

(2) 위의 표현 중에 가장 적절하다고 생각되는 표현은 무엇입니까? 자신이 그 표현을 선택한 이유를 이야기해 보십시오.

실전 연습

※ [1–2] ( )에 들어갈 말로 가장 알맞은 것을 고르십시오.

1. ( )

   여러 ( ) 최선을 다한 선수에게 관중들은 박수를 보냈다.

   ① 악조건 탓에   ② 악조건이거니와
   ③ 악조건에도 불구하고   ④ 악조건을 막론하고

2. ( )

   정품과 똑같은 증정품을 받았으니 따지고 보면 ( ).

   ① 싸게 산 법이다   ② 싸게 산 셈이다
   ③ 싸게 사기 마련이다   ④ 싸게 사기 나름이다

● 밑줄 친 부분과 바꿔 쓸 수 있는 표현들을 적어 보십시오.

아무리 재능이 뛰어나도 꾸준히 **연습하지 않고서는** 실력을 유지할 수 없다.

(1) 밑줄 친 표현은 어떤 표현으로 바꿔 볼 수 있을까요?

> 보기 연습하지 않으면 … _____

(2) 자신이 적은 표현과 제시된 표현 사이에는 어떤 차이가 있습니까? 두 표현을 비교해서 설명해 보십시오.

실전 연습

※ [3-4] 밑줄 친 부분과 의미가 가장 비슷한 것을 고르십시오.

3. (   )

직접 해보지 않고서는 얼마나 힘든지 알 수 없다.

① 직접 해 봐도   ② 직접 해 봐야
③ 직접 해 보는 만큼   ④ 직접 해 보지 않으면

4. (   )

한식의 맛은 결국 장맛에 달려 있다고 해도 과언이 아니다.

① 장맛에 달려 있는 셈이다   ② 장맛에 달려 있기 나름이다
③ 장맛에 달려 있기 십상이다   ④ 장맛에 달려 있는 면이 있다

비교해 봅시다

'-(으)ㄴ 셈이다, -는 셈이다' vs '-다고 해도 과언이 아니다, -ㄴ/는다고 해도 과언이 아니다'

'-(으)ㄴ/는 셈이다'는 실제는 제시된 사실에 미치지 못하나 결과적으로는 거의 같다는 의미인데 반해 '-(ㄴ/는)다고 해도 과언이 아니다'는 실제 사실보다 과장되게 표현해도 될 정도임을 강조할 때 쓰인다.

- 이 경기가 테니스 역사상 가장 빛나는 **경기라고 해도 과언이 아니다**.
- 1등 없는 2등을 차지했으니 결국 제일 뛰어난 선수로 **인정받은 셈이다**.

읽기

1 다음 신문 기사의 제목을 가장 잘 설명한 것을 고르십시오. (   )

> ## "MZ 세대 골프·테니스 열풍에 파스 매출 치솟아"
> ### 파스, 더 이상 노인층만의 제품 아니야

① 젊은이들을 위한 파스 신제품의 판매가 증가하고 있다.

② 파스는 골프나 테니스 같은 운동 후에 붙이는 제품이다.

③ 파스는 노인층과 젊은 층을 위한 제품이 따로 판매되고 있다.

④ 젊은 층도 골프나 테니스를 치면서 파스를 많이 소비하고 있다.

2 다음을 읽고 글의 내용과 같은 것을 고르십시오. (   )

> 'Anima sana in corpore sano (건강한 육체에 건강한 정신)'은 말 그대로 신체적 건강의 중요성을 알리는 문구로 널리 알려져 있다. 이 문구는 고대 로마의 시인 유베날리스의 풍자시의 한 구절로 "건전한 육체에 건전한 정신까지 깃든다면 바람직할 것이다. 너희들의 건강한 육체에 건전한 정신이 깃들기를 기도하라"이다. 이는 사실 로마 시민들이 검투사들의 잔인한 결투와 운동으로 다져진 그들의 몸에 열광하면서 그들처럼 근육을 키우고 몸을 만들어 자랑하는 일이 유행처럼 번지는 행태를 못마땅하게 여겨 비꼬아 한 표현이다. 따라서 정신 수양을 강조한 의미로 봐야 하는데 구절의 일부만을 가져와 현재는 원래의 의도와 정반대의 의미로 사용되고 있다.

① '건강한 육체에 건강한 정신'은 원래의 의미대로 잘 사용되어 왔다.

② '건강한 육체에 건강한 정신'은 고대 로마 시대에 만들어진 말이다.

③ 고대 로마 시대에는 신체적 건강보다 정신 건강을 더 중요하게 생각했다.

④ 고대 로마 시대의 검투사들은 운동을 너무 많이 해서 오히려 몸이 나빠졌다.

[3-4] 다음을 읽고 물음에 답하십시오.

(㉠) 두뇌를 활용하여 전략을 세우고 결정을 내려야 하는 '브레인 스포츠' 분야의 경우 선수들의 신체적 운동 능력이 경기력에 영향을 미칠까? (㉡) 언뜻 생각하면 고도의 집중력과 판단력, 압박과 스트레스를 견딜 수 있는 강한 정신력이 중요하기 때문에 일반 스포츠에 비해 정신적, 심리적 측면이 더욱 중요하게 작용할 뿐 신체적 운동 능력이 경기력 향상에 도움이 될 거라고 예상하기 어렵다. (㉢) 실험은 e-스포츠 선수, 마작 선수, 체스 선수, 그리고 기억력 챔피언을 대상으로 진행하였다. 이들은 일주일에 30분도 운동을 하지 않는다는 공통점을 가지고 있었는데, 실험을 통해 만약 이들이 꾸준히 운동을 하면 두뇌 활동이 더 활발해지고 그들의 경기력이 더 향상되는지를 알아보고자 하였다. 이들은 전문가의 도움을 받아 약 4개월간 유산소 운동과 근력 운동을 병행하였고, 그 결과는 놀라웠다. (㉣) 운동 후 선수들의 집중력은 33%, 인지 능력은 10% 상승한 반면 불안감은 45% 감소했으며 무엇보다 선수들의 국제 대회 랭킹은 75%나 상승했다. 실험을 주도한 전문가는 이 실험을 통해 운동이 인지 능력 향상에 확실한 도움이 된다는 것을 증명했다고 밝힌 바 있다.

3 주어진 문장이 들어갈 곳으로 가장 알맞은 것을 고르십시오. (　　　)

그런데 2023년 한 유명 스포츠 브랜드에서 진행한 흥미로운 실험을 통해 이러한 예상은 한낱 선입견에 불과한 것임을 알 수 있었다.

① ㉠　　　　② ㉡　　　　③ ㉢　　　　④ ㉣

4 윗글의 내용과 같은 것을 고르십시오. (　　　)

① 실험 대상자들은 그동안 꾸준히 운동을 해 온 사람들이다.
② 실험 대상자들은 두뇌를 활용하는 일을 한다는 점에서 같다.
③ 실험 대상자들은 실험 기간 동안 스스로 계획을 세워 운동을 했다.
④ 실험 대상자들은 실험을 통해 운동 능력이 향상되었음을 알 수 있다.

더 읽어 보기

· 테니스 메이저 대회란?

테니스의 4대 메이저 대회는 호주 오픈, 프랑스 오픈, 윔블던, US오픈 테니스 대회로 이 4개 대회에서 모두 우승하는 것을 '그랜드 슬램(grand slam)'이라고 한다. 윔블던 대회는 잔디 코트에서, 프랑스 오픈은 클레이 코트에서 열리며 호주 오픈과 US 오픈은 하드 코트에서 열린다. 프랑스 오픈은 정식 명칭을 줄여 롤랑가로스(Roland-Garros)라고 불리며 윔블던 대회는 속옷을 포함한 선수들의 모든 의상이 흰색이어야 한다는 엄격한 규정으로 유명하다.

듣기

1 다음을 듣고 가장 알맞은 그래프를 고르십시오. (   )

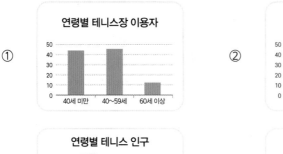

2 다음을 듣고 들은 내용과 같은 것을 고르십시오. (   )

① 여자는 테니스 용어가 낯설고 어렵다고 느낀다.

② 남자는 현재 테니스 선수로 테니스를 유행시켰다.

③ 여자는 테니스가 배우기 어려운 운동이라고 생각한다.

④ 남자는 테니스 용어에 대해 잘 몰라서 여자에게 물어봤다.

[3-4] 다음을 듣고 물음에 답하십시오.

3 무엇에 대한 내용인지 알맞은 것을 고르십시오. (   )

① 테니스의 유행과 그 원인

② 테니스의 유래와 경기 방식

③ 테니스의 경기 방식과 경기 시간

④ 테니스의 점수 세는 방식과 그 유래

4 들은 내용과 같은 것을 고르십시오. (   )

① 테니스 인구의 급증 원인은 패션 때문이다.

② 테니스를 즐기는 비용은 골프에 비해 저렴하다.

③ 테니스 점수의 명칭에 대한 정확한 유래를 알 수 있다.

④ 테니스에서 15점 단위로 점수를 세는 것은 계산이 편해서이다.

말하기

● 뉴스를 듣고 자료에 제시된 사회 현상을 설명하십시오. 그리고 그 현상의 이유와 전망에 대해 말하십시오.

Track 06

"골프 지고 테니스뜬다. 유통가 테린이 잡기 비상"

〈국내 테니스 인구 증가〉

국내 테니스 인구

2021년 50만명

2022년 60만명

국내 테니스 시장

2500억원 2021년

3000억원 2022년

자료 : 업계 총합

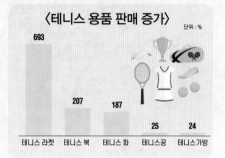

〈테니스 용품 판매 증가〉

단위 : %

테니스 라켓	테니스 복	테니스 화	테니스공	테니스가방
693	207	187	25	24

증가 원인

· 고급 스포츠에 대한 관심
· 골프에 비해 저렴한 비용과 많은 운동량

: 온라인 쇼핑몰의 조사에 따르면 최근 테니스 용품의 판매량이 급속도로 증가하고 있다.
  이는 …

쓰기

● 다음은 '슬럼프의 증상과 극복 방법'에 대한 자료입니다. 이 내용을 200-300자의 글로 쓰십시오.

〈슬럼프로 인해 겪는 현상은?〉

자신감 상실	44.9%
나태함·게으름	34.0%
대인기피증	13.1%
파증 급상승	5.6%
우울증	2.5%

〈취업 준비생, 슬럼프 극복 방법은 무엇인가?〉

충분히 휴식한다	59.5%
억지로라도 마음을 다잡으려 노력한다	24.4%
취업 활동 이외에 취미 생활도 한다	10.3%
지인들과 대화를 자주 나눈다	3.3%
시간이 약인 만큼 나아질 때까지 기다린다	2.5%

 8-1 중독 관리

- 현대인은 무엇에 많이 중독되어 있습니까?

- 그것을 끊는 게 왜 어렵습니까?

문법 1

A/V-아/어 봤자

지금까지 시험 공부를 하나도 안 했는데 이제 와서 공부해 봤자 소용없겠지?

TOPIK I 시험이 어려워 봤자 얼마나 어렵겠어? 괜찮을 거야.

1. 그 행위를 하더라도 효과가 없거나 좋은 결과를 얻지 못할 것이 예상될 때 사용한다. '어차피' 등과 함께 자주 쓴다.

이제 와서 **공부해 봤자**	소용없다.
↓	↓
행위	예측되는 부정적인 결과

- 이미 물은 엎질러졌는데 이제 와서 **후회해 봤자** 되돌릴 수 없다.
- 애지중지하면서 자식 **키워 봤자** 아무 소용 없다더니 우리 애들이 딱 그렇네요.
- 귓등으로 듣는 사람한테 **말해 봤자** 입만 아프니 할 말이 있어도 그냥 참으세요.

2. 생각보다 대단하지 않음을 나타내는 과소평가의 의미가 있다. 'A/V-아/어 봤자 얼마나 A/V-겠어요?'와 같이 의문문 형태로 주로 사용한다.

시험이 **어려워 봤자**	얼마나 어렵겠어요?
↓	↓
심한 정도를 가정	과소평가 (= 어렵지 않다)

- 3개월 동안 한국어를 배운 사람이 한국어를 **잘해 봤자** 얼마나 잘하겠어요?
- 아무리 맵다고 해도 스파게티가 **매워 봤자** 얼마나 맵겠어요?
- 내가 모를 줄 알았어? 네가 아무리 날고 **뛰어 봤자** 어차피 내 손바닥 안이야.

엎질러지다 | 애지중지하다 | 귓등으로 듣다

1 다음의 표현을 사용하여 대단하지 않거나 부정적인 결과에 대해 이야기해 보십시오.

노력이나 시도하려는 행위	부정적인 결과 / 과소평가
보기 버스 떠난 뒤에 손 흔들다	떠난 버스는 돌아오지 않다
(1) 혼내다	눈 하나 깜짝하지 않다
(2) 백날 떠들다	
(3)	어차피 한 푼도 빌려 주지 않을 것이다

보기 가 내가 그동안 전 여자 친구한테 얼마나 잘못했는지 깨달았어. 지금이라도 사과하면 날 다시 받아 줄까?

나 그러지 마. **버스 떠난 뒤에 손 흔들어 봤자** 떠난 버스는 돌아오지 않아.

(1) 가 딸이 방문 잠그고 안 열어 준다면서? 부모가 무섭게 안 혼내서 그런 거 아니야?

나 아냐, 의미 없어. _____

(2) 가 인터넷 카페에 친환경 관련 글을 많이 올리면 정부 정책에도 변화가 생기지 않을까?

나 정치인들이 움직여야지. 우리가 인터넷 게시판에서 _____

(3) 가 아버지, 제발 돈 좀 빌려 주세요. 이번에는 꼭 갚을게요. 부탁이에요.

나 힘들게 조르지 마. _____

2 사람들이 대단하다고 말하는 것에 대해 믿을 수 없을 때 어떻게 반응하겠습니까?

보기 가 다섯 살 아이가 어른보다 밥을 많이 먹는대요.

나 에이, 말도 안 돼요. 다섯 살 아이가 밥을 많이 **먹어 봤자** 얼마나 많이 먹겠어요?

(1) 가 올해 와우 전자에서 출시한 전기 자전거가 자동차보다 빠르대요.

나

(2) 가 이번에 새로 나온 편의점 도시락이 엄청 맛있대요.

나

백날 | 푼

문법 2

V-기 일쑤이다

아이가 요즘 게임에 빠져 있다면서요?

네, 게임을 하느라 끼니도 거르기 일쑤예요.

어떤 행동을 자주 하거나 부정적인 사건이 반복해서 쉽게 발생하는 것을 나타낸다.

게임을 하느라   끼니를 거르기 일쑤예요.

↓

예측되는 부정적인 결과

- 열대야 현상이 시작되면 숙면을 취하던 사람도 밤잠을 **설치기 일쑤입니다.**
- 낮은 산이라서 쉽게 올라갈 거라고 생각하지만 만만하게 봤다가는 **큰코다치기 일쑤예요.**
- 어렸을 때 지키기 어려운 목표를 세우곤 했는데 그러면 항상 작심삼일이 **되기 일쑤였다.**
- 내 동생은 툭하면 휴대폰을 **떨어뜨리기 일쑤라서** 휴대폰 케이스를 반드시 사용해야 한다.

'일쑤이다'나 '일쑤다'를 모두 쓸 수 있다.

- 그 아이는 걸핏하면 **울기 일쑤이다.**
- 예전에는 집에서 음식을 해 먹곤 했는데 요즘은 귀찮아서 밖에서 **사 먹기 일쑤다.**

만만하다 | 큰코다치다 | 작심삼일 | 툭하면 | 걸핏하면

1 보기 와 같이 자주 발생하는 부정적인 일에 대해 이야기해 보십시오.

행위	자주 발생하는 결과
보기 해외여행을 가다	배탈이 나다
(1) 평소에 관리를 제대로 하지 않다	재발하다
(2) 낚시를 하러 가다	빈손으로 돌아오다
(3) 엔지(NG)를 내다	촬영이 중단되다

보기 가 다른 나라에 갈 때 항상 약을 챙겨서 가요?

나 네, 해외여행을 가면 음식이 안 맞아서 그런지 배탈이 <u>나기 일쑤거든요</u>.

(1) 가 염증이 다 나았네요. 그동안 치료해 주셔서 감사합니다.

　　나 이 병은 _____ . 평소에도 관리 잘 하세요.

(2) 가 오늘은 웬일로 많이 잡았네요.

　　나 네, 그동안은 _____ 오늘은 많이 잡았어요.

(3) 가 어제 출연자들끼리 분위기가 너무 좋아서 오히려 촬영이 늦게 끝났다면서요?

　　나 네, 출연자들이 웃음을 참지 못하고 _____

2 나쁜 습관이나 그로 인해 생겼던 부정적인 일에 대해 이야기해 보십시오.

보기 **식사 습관**　과식　야식　편식

나는 작년에 스트레스를 풀기 위해 야식을 많이 먹었다. 그런데 밤늦게 음식을 지나치게 많이 먹은 나머지 **체하기 일쑤였다.**

수면 습관　과로　게임　SNS

(1)

소비 습관　충동구매　과소비　온라인 쇼핑

(2)

재발하다 | 엔지(NG) | 염증

듣기 어휘

1 중독의 증상

중독	쾌감	내성	주의력	자제력	금단 증상

(1) ( ) : 상쾌하고 즐거운 느낌

(2) ( ) : 한 가지 일에 집중할 수 있는 힘

(3) ( ) : 그것 없이는 견딜 수 없는 비정상적 상태

(4) ( ) : 반복적으로 복용하여 효과가 떨어지는 현상

(5) ( ) : 스스로의 감정을 조절하여 누를 수 있는 힘

(6) ( ) : 약물이나 행위를 중단했을 때 나타나는 증상

2 중독의 감정

떨리다	짜릿하다	허전하다	성에 차다
시달리다	몰입하다	집착하다	오한이 들다

(1) 그 신인 가수는 많이 긴장했는지 ( ) 목소리로 노래를 부르기 시작했다.

(2) 내가 응원하는 축구팀이 골을 넣을 때의 ( ) 기분을 잊을 수 없다.

(3) 정부는 출산율 숫자에 ( ) 말고 국민의 행복지수를 높이는 데 열중해야 한다.

(4) 배우 손현진은 연기에 ( ) 나머지 촬영이 끝났는데도 울음을 그치지 못했다.

(5) 아이돌은 사소한 행동도 화제가 되어서 인터넷상에서 악플에 ( ) 일쑤이다.

(6) 라면을 하나만 끓여 먹는 것은 ( ) 않아서 항상 두 개를 끓여 먹곤 한다.

3 집단 상담에 참여하게 된 이유

도박 따다 일확천금 재산 행운	나는 처음에 가벼운 마음으로 카드 게임을 즐겼으나 점점 돈을 (1) ( ) 됐을 때의 쾌감에 빠져들었다. 한 번만 기회가 주어지면 많은 돈을 가질 수 있다는 (2) ( )의 꿈을 꾸면서 어느새 집에 있는 돈 되는 물건들을 다 팔아 (3) ( )을/를 하게 되었다. 그러던 어느 날, 이렇게 계속 살다가는 가지고 있던 (4) ( )도 다 잃고 가족도 다 떠날 것 같다는 생각이 들어 치료를 알아보기 시작했다. (5) ( )에 대한 기대를 버리면 행복이 온다는 마음을 가지고 집단 상담에 참여하게 되었다.

듣기 1

● '바닥 신호등'을 본 적이 있습니까? 어떤 사람들을 위해 이것을 설치하게 되었을까요?
다음을 듣고 질문에 답해 보십시오.

Track 07

1 스마트폰 중독인지 확인하기 위해 남자가 여자에게 한 질문은 무엇입니까?

- ① (　　　　　　　　) 휴대폰부터 봅니까?

- ② (　　　　　　　　) 휴대폰을 들고 갑니까?

- 휴대폰 보면서 걷다가 ③ (　　　　　　　　) 횡단보도에서 ④ (　　　　　　　　)인데도
  ⑤ (　　　　　　　　) 적이 있습니까?

2 여러분은 하루에 몇 시간 정도 휴대폰을 봅니까? 휴대폰 사용 시간을 줄여야 한다고 생각해 본 적이
있습니까?

듣기 2

● 다음은 집단 상담을 위해 모인 사람들의 대화입니다. 다음을 듣고 질문에 답해 보십시오.

Track 08

잔소리 ｜ 딴 ｜ 본인 ｜ 의지

1 세 사람은 무엇에 중독되어 있습니까?

여자 1	
남자	
여자 2	

2 첫 번째 사람은 어떤 금단 증상을 겪었습니까?

3 두 번째 사람이 말한 '행운에 대한 기대를 버리면 행복이 온다'는 말은 무슨 의미일까요?

4 몰입과 중독의 차이가 뭐라고 생각합니까?

과제

○ 여러분은 무엇에 지나치게 몰입하거나 중독된 적이 있습니까? 여러분의 경험을 써 보십시오.

시기	
행동	
멈추게 된 계기 / 극복하기 위해 한 노력	

주량 | 악순환 | 자잘하다 | 카페인 | 끊임없이

8-2 우울과 불안

- 여러분은 언제 우울함을 느낍니까?
- 긴장되거나 불안할 때 어떤 증세가 나타납니까?

문법 1

A-(으)ㄴ가 하면, V-는가 하면

> 수면 장애를 겪고 있다고 들었는데 구체적으로 증상이 어떤가요?

> 어떤 날은 밤새도록 잠을 설치는가 하면 또 어떤 날은 하루 종일 잠만 자요.

❗ 주로 대조나 다양한 면을 나타내는데 다른 내용의 이야기를 덧붙일 때도 사용한다.

어떤 날은 잠을 **설치는가 하면**	**또** 어떤 날은 하루 종일 잠만 자요.
↓	↓
사례 1	사례 2

- 귀에 이상이 생기면 어떤 때는 **어지러운가 하면** 어떤 때는 머리가 아파요.
- 글이 술술 써지는 날이 **있는가 하면** 한 글자도 안 써지는 날이 있기도 하다.
- 경제 성장을 중요하게 여기는 나라가 **있는가 하면** 복지를 중요시하는 나라도 있습니다.
- 어떤 사람은 탕수육을 소스에 **찍어 먹는가 하면** 어떤 사람은 탕수육에 소스를 부어 먹는다.

🔍 문장과 문장 사이에서 '그런가 하면'의 형태로 쓰인다.

- 나와 내 동생은 스트레스 해소법이 다르다. 나는 스트레스를 받으면 평소보다 음식을 많이 먹으면서 스트레스를 푸는 편이다. **그런가 하면** 내 동생은 하루 종일 아무 음식도 먹지 않고 잠을 자면서 스트레스를 해소한다.

이상 | 술술

1 보기 와 같이 여러 방법이나 상황에 대해 이야기해 보십시오.

보기	큰길로 가는 방법이 있다	뒷골목으로 해서 빠르게 가는 방법이 있다
(1)	적금이나 예금을 하라고 하다	주식이나 가상 화폐에 투자하라고 하다
(2)		눈앞이 캄캄할 때가 있었다
(3)	갑자기 짜증이 나고 가슴이 두근거리다	

보기　가 학교까지 가는 길은 이 길밖에 없나요?

　　　나 아뇨, 큰길로 가는 방법이 **있는가 하면** 뒷골목으로 해서 빠르게 가는 방법도 있지요.

(1) 앵커　최근 경제 상황과 관련하여 전문가마다 추천하는 투자 방법이 다른 것 같습니다.

　　기자　맞습니다. 어떤 전문가는ㅤ_____

(2) 기자　사업에 성공하시기까지 항상 순조롭지만은 않으셨을 것 같은데요.

　　사업가　네, 맞습니다. _____

(3) 의사　환자 분께서 요즘 날마다 기분이 다르다고 들었는데 어떻게 다른가요?

　　환자　_____

2 어떤 대상이나 주제에 대한 사람들의 다양한 양상에 대해 써 보십시오.

약을 먹는 방법 :

사람마다 약을 먹는 방법이 다르다. 약을 먹을 때 여러 알약을 한꺼번에 입 안에 넣고 삼키는 사람이 **있는가 하면** 한 알씩 입에 넣고 삼키는 사람도 있다.

직업을 고르는 기준 :

(1)

스트레스를 받을 때 나타나는 증상 :

(2)

뒷골목 ｜ 두근거리다 ｜ 순조롭다

문법 2

A/V-지

> 어지럼증이 있다고 하셨는데 혹시 속이 울렁거릴 때도 있으신가요?

> 아뇨, 어지럽기만 하지 속이 울렁거릴 때는 없었어요.

앞의 상황을 긍정하고 뒤의 상황을 부정할 때 주로 사용한다. '-(으)면 -지 왜 ?'와 같이 쓰여 앞의 내용을 강조하여 말할 때도 사용하는데 의문문의 형태지만 대답을 요하는 질문은 아니다.

어지럽기만 하지	속이 울렁거릴 때는 없었다.
↓	↓
인정하거나 긍정하는 사실	부정하는 사실

- 나는 목이 마르면 물을 **마시지** 음료수를 마시지는 않는다.
- 행복은 가까이에 **있지** 그렇게 멀리 있지 않습니다.
- 너의 생각이 남들과 **다를 뿐이지** 그 생각이 이상하거나 틀린 게 아니야.
- 힘들면 **말하지** 왜 혼자 참고 있었어요?
- 배고프면 라면이라도 **끓여 먹지** 왜 굶고 있어?

🔍 'A/V-(으)면 A/V-았/었지', 'A/V-았/었으면 A/V-았/었지' 등의 형태로 쓰여 강한 부정이나 거부 의지를 나타낼 때 쓴다.

- 시작을 **안 하면 안 했지** 중간에 포기하고 싶지는 않습니다.
- **굶으면 굶었지** 다른 사람에게 손을 벌리고 싶지는 않다.
- 가난하게 **살았으면 살았지** 사람을 해치는 일은 할 수 없습니다.

울렁거리다 │ 굶다

1 사람들이 쉽게 실천하지 못하는 일에 대해 이야기해 보십시오.

보기	일을 잘한다고 말로만 칭찬하다	보상을 제대로 해 주지 않다
(1)	지적만 하다	구체적 대안을 내놓지 않다
(2)	돈을 벌 줄만 알다	
(3)		요리를 하는 방법은 모르다

보기 사원 대리님, 좋으시겠어요. 사장님이 직접 칭찬도 해 주시고.

  대리 다 소용없어. 일을 잘한다고 말로만 **칭찬하지** 보상을 제대로 해 주지 <u>않아</u>.

(1) 가 요즘 사회 전문가들에 대해 쓴소리 한말씀 부탁드립니다.

  나 요즘 사회 전문가들은 _____

(2) 가 이제 은퇴하시면 돈 쓰실 일만 남았네요.

  나 _____ 앞으로 뭘 하면서 시간을 보내야 할지 걱정이야.

(3) 가 음식 맛에 예민하시니까 요리도 잘하실 것 같습니다.

  나 _____

2 요즘 사람들은 무엇을 중요하게 여깁니까? 다음 그림을 보고 이야기해 보십시오.

보기

행복 성공

사람들은 성공이 중요하다고 하는데 저는 행복이 **중요하지** 성공이 중요하지는 않다고 생각합니다.

(1)

연애 결혼

(2)

외모 내면

보상 ┊ 대안

읽기 어휘

1 정신 질환

질환　　　겁　　　심장　　　절망　　　사망　　　증후군

(1) (　　　　　) : 몸의 온갖 병
(2) (　　　　　) : 무서워하는 마음
(3) (　　　　　) : 사람의 생명이 사라진 죽음의 상태
(4) (　　　　　) : 조금의 기대나 희망도 가질 수 없음.
(5) (　　　　　) : 사람의 생명과 가장 관계가 깊은 신체 기관
(6) (　　　　　) : 원인이 불확실한 여러 증상이 함께 나타나는 것

2 죽음에 대한 자세

숨지다　　　　　소소하다　　　　　권장하다　　　　　모방하다
부추기다　　　　자제하다　　　　　방치하다　　　　　불가피하다

(1) SNS의 넘쳐나는 광고들은 사람들의 불필요한 소비를 (　　　　　).
(2) 현실적으로 일회용품 사용을 완전히 중단하지는 못하더라도 (　　　　　) 필요는 있다.
(3) 나는 화려한 선물보다는 귀여운 인형이나 손 편지 같은 (　　　　　) 선물이 더 좋아.
(4) 앞집이 택배 상자들을 한 달이 넘도록 복도에 (　　　　　) 놓았는데 이제 더 이상 참을 수가 없어서 오늘은 항의를 하려고 한다.
(5) 정부가 남성의 육아 휴직을 (　　　　　) 있지만 실제 육아 휴직을 신청하는 남성은 많지 않다.
(6) "윗물이 맑아야 아랫물이 맑다"라는 속담은 아이들이 어른들의 행동을 (　　　　　) 어른들은 행동을 조심해야 한다는 의미를 가지고 있다.

3 언어와 상호작용

권고하다	자신의 생명을 끊는 (1) (　　　　　)을/를 흔히 (2) '(　　　　　) 선택' 이라는 말로 (3) (　　　　　) 돌려서 말하기도 한다. 이는 죽음에 대한 직접적 언급을 피하기 위해서 쓰는 표현이다. 그런데 그것을 과연 그 사람의 '선택'이라 고 볼 수 있을까? 이러한 표현은 평범한 개인이 죽음을 선택한 것으로 오해하게 만들 수 있다는 지적이 있다. 그래서 언론중재위원회에서는 신문이나 방송과 같 은 (4) (　　　　　)에서 이러한 표현을 자제하라고 (5) (　　　　　) 있다.
극단적	
완곡하다	
언론	
자살	

읽기 1

📑 다음은 불안 장애 테스트입니다. 다음을 보고 아래의 질문에 대답해 보십시오.

불안 장애 테스트

※ 자신에게 해당되는 증상에 ☑ 표시해 보십시오.

- ☐ 자주 소화가 안된다.
- ☐ 편안하게 쉴 수가 없다.
- ☐ 어지럽고 쓰러질 것 같다.
- ☐ 심장이 두근거리고 빨리 뛴다.
- ☐ 손과 다리가 떨리곤 한다.
- ☐ 덥지 않은데 땀을 많이 흘린다.
- ☐ 작은 일에도 겁을 먹고 무서움을 느낀다.

5개 이상 : 의사의 상담이 필요합니다. **3개 이상** : 하던 일을 멈추고 휴식을 취하세요. **1~2개** : 스트레스를 풀 시간이 필요합니다.

(1) 불안함이나 우울함을 겪을 때 나타나는 증상에는 어떤 것이 있습니까? 여러분은 위의 테스트에서 몇 개의 증상을 경험했습니까?

(2) 현대인들은 무엇 때문에 스트레스를 받는다고 생각합니까? 또한 정신 건강을 지키기 위해 어떤 노력이 필요한지 자신의 생각을 이야기해 보십시오.

읽기 2

📑 다음은 정신 건강의 날을 맞아 의학 전문 기자가 쓴 칼럼입니다. 다음을 읽고 질문에 대답해 보십시오.

극단적 선택은 선택일까?

(가) 괴테의 『젊은 베르테르의 슬픔』이라는 작품에서 주인공인 베르테르가 자살한 것을 모방해 책을 읽은 독자들이 따라서 자살하는 사건이 있었다. 그 이후로 유명인의 자살에 영향을 받아 일반인들이 따라서 죽는 현상을 두고 베르테르 증후군이라고 부르게 되었다. 신문사에서는 이러한 사례가 반복되는 것을 우려하여 예방 차원에서 자살 보도의 하단에 우울증 치료 기관 정보를 함께 올리고 있다.

▶ 내용 확인

1. 소재

　(가)
　_____
　와/과 우울증과의
　관련성

(나) 한국 언론에서는 자살을 흔히 '극단적 선택'이라는 용어로 완곡하게 표현한다. 이는 '죽음'에 대한 직접적 언급을 피하고자 하는 한국의 언어 문화가 반영된 것이다. 그런데 최근 언론중재위원회에서 이 표현에 대한 사용을 자제하라는 권고가 내려왔다. 심리적인 고통과 절망에 빠져 있는 병적인 상태에서의 자살을, 한 개인이 희망하여 선택한 결과로 오해할 수 있다는 것이다. 우울증에 걸리지 않았더라면 과연 그 사람이 자살을 선택했을까? 이는 개인의 선택이 아닌, 우울증으로 인한 극단적 결과로 해석되어야 할 것이다.

(다) 사실 '극단적 선택'이라는 표현도 자제해야 하지만 그렇다고 해서 '자살'이라는 표현도 권장할 만한 표현은 아니다. 한 연구에 따르면 유명인의 자살뿐만 아니라 일반인의 자살도 기사나 뉴스에 많이 노출되면 일반인들의 자살을 부추길 수 있다고 한다. 그래서 어떤 나라에서는 기사에 '자살'이라는 표현을 아예 못 쓰게 하기도 하고 보도를 하더라도 사람들을 자극할 수 있는 이미지 자료나 영상 자료는 내보내지 않는다고 한다. 이를 참고하여 한국에서도 불가피하게 자살 사건을 보도하게 되는 경우에 '사망'이나 '숨지다'와 같은 객관적 표현을 쓰도록 해야 한다고 말하는 전문가들도 있다.

(라) 우울증 환자가 점점 많아짐에 따라 신체 건강 못지않게 정신 건강의 중요성에 대해서도 많은 사람들이 인식하게 되었다. 예전에는 우울감이나 불안감을 느끼는 사람들을 그저 마음이 약해서 그렇다고 생각했지 병에 걸렸다고 생각하지는 않았다. 그러나 현대에 와서 정신 건강에 대해 더 많은 이해와 관심을 가지게 됨에 따라 그것이 정신 질환이며 이를 치료하고 예방할 수 있다는 인식이 생기게 된 것이다.

(마) 그런가 하면 많은 사람들이 아직도 정신과 진료를 받는 것에 부담을 가지고 있는 것도 사실이다. 정신과는 정신적으로 큰 문제가 있어야 가는 것으로 여기기 때문이다. 기침을 하거나 열이 나는 감기를 치료하기 위해 내과나 이비인후과는 쉽게 방문하면서도 정신과는 문턱이 높다고 생각하는 사람들이 많다. 감기를 제때 치료하지 않고 방치하다가는 큰 병이 되는 것처럼 정신 질환도 방치하면 심각해질 수 있으므로 초기에 치료하는 것이 좋다. 혼자 고민하지 말고 전문가의 도움을 받는 것이 우리의 정신 건강을 지키고 삶의 질을 높이는 지름길이 될 수 있다. 정신과 상담을 받거나 진료를 받는 것을 자연스럽게 생각하는 문화가 우리 사회에 자리 잡아야 할 것이다.

(나)
_____
(이)라는 표현을 자제해야 하는 이유

(다)
_____
을/를 보도할 때의 주의점

(라)
_____
에 대한 과거와 현대의 인식

(마)
_____
에 대한 인식 변화 필요성

▶ 표현 확인

내과나 이비인후과는 쉽게 방문하면서도 정신과의 **문턱**을 **높게** 생각하는 사람이 많다.

문턱이 높다
: 들어가거나 상대하기가 어렵다

예 최근 취업의 **문턱이 높아서** 창업을 알아보는 젊은 세대들이 늘어나고 있다.

유명인 | 차원 | 하단

1 다음 질문을 읽고 대답해 보십시오.

(1) 베르테르 증후군이 무엇입니까?

(2) '극단적 선택'은 무엇을 의미합니까? 이 표현을 사용하는 것이 적절하지 않은 이유는 무엇입니까?

(3) 정신과 진료에 대해 사람들이 어떤 오해를 가지고 있습니까?

2 다음의 표현을 사용해서 사람들이 희망하면서도 쉽게 하지 못하는 것에 대해 말해 보십시오.

문턱이 높다

◉ 당신을 행복하게 하는 소소한 행복은 무엇입니까? 우울증을 예방하고 정신 건강을 유지할 수 있는 방법은 무엇이 있는지 이야기해 보십시오.

> ### 정신 건강에 좋은 소소한 행복
>
> 얼굴이 아플 정도로 크게 웃기
> 따뜻한 샤워
> 멀리서 온 전화
> …
> 건조기에서 꺼낸 따뜻한 수건

_____

_____

_____

_____

어휘 늘리기

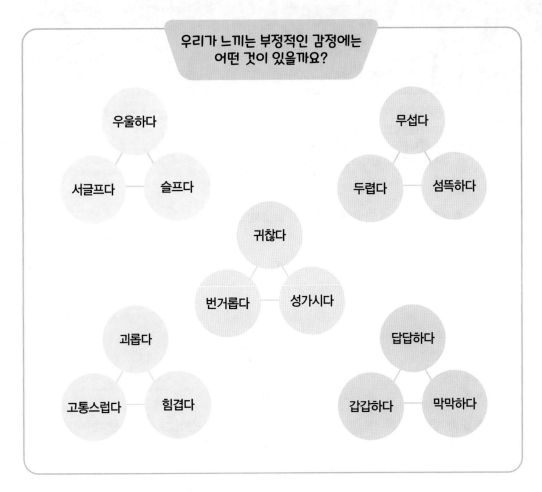

우리가 느끼는 부정적인 감정에는
어떤 것이 있을까요?

우울하다
서글프다 — 슬프다

무섭다
두렵다 — 섬뜩하다

귀찮다
번거롭다 — 성가시다

괴롭다
고통스럽다 — 힘겹다

답답하다
갑갑하다 — 막막하다

◉ 이야기해 봅시다.

· 여러분은 언제 이런 감정을 느낍니까?

· 어떤 감정이 가장 참기 힘든 감정입니까?

· 부정적인 감정을 극복하는 자신만의 방법이 있습니까?

문법과 표현

· 내일이 시험인데 이제 와서 **공부해 봤자** 좋은 점수를 받을 수 없을 것이다.
· 열대야 현상으로 숙면을 취하던 사람도 밤잠을 **설치기 일쑤이다.**
· 갑자기 짜증이 나는 날이 **있는가 하면** 어떤 날은 하루 종일 우울하다.
· 행복은 가까이에 **있지** 그렇게 멀리 있지 않아요.

◉ 주어진 단어를 활용하여 빈칸에 다양한 말을 넣어 보십시오.

후회하다

이미 물은 엎질러졌는데 이제 와서 (   ) 소용없다.

(1) 빈칸에는 어떤 표현들을 사용해 볼 수 있을까요?

> 보기   후회해도 …   _____

(2) 위의 표현 중에 가장 적절하다고 생각되는 표현은 무엇입니까? 자신이 그 표현을 선택한 이유를 이야기해 보십시오.

실전 연습

※ [1–2] (   )에 들어갈 말로 가장 알맞은 것을 고르십시오.

1.   (   )
소 잃고 외양간 (   ) 도망간 소가 다시 돌아오지는 않는다.

① 고쳐 봤자   ② 고치는지
③ 고치노라면   ④ 고치기는커녕

2.   (   )
스트레스를 받을 때 단것을 먹는 사람이 (   ) 매운 음식을 먹는 사람도 있다.

① 있는 한   ② 있는 탓에
③ 있을뿐더러   ④ 있는가 하면

◉ 밑줄 친 부분과 바꿔 쓸 수 있는 표현들을 적어 보십시오.

> 불안증을 겪고 있는 사람들은 작은 일에도 예민하게 **반응하기 일쑤이다.**

(1) 밑줄 친 표현은 어떤 표현으로 바꿔 볼 수 있을까요?

> 보기 반응하는 일이 많다 … _____

(2) 자신이 적은 표현과 제시된 표현 사이에는 어떤 차이가 있습니까? 두 표현을 비교해서 설명해 보십시오.

실전 연습

※ [3~4] 밑줄 친 부분과 의미가 가장 비슷한 것을 고르십시오.

3. (　　　)

요즘 나이가 들어서 그런지 약속을 잊어버리기 일쑤예요.

① 잊어버리곤 한다 　　　　　② 잊어버리고 말았다

③ 잊어버리는 모양이다 　　　④ 잊어버리기 십상이다

4. (　　　)

그 사람은 목소리만 크지 실제로 문제가 생겼을 때 해결할 능력은 없다.

① 크고 　　　　　　　　　　② 크더니

③ 크거니와 　　　　　　　　④ 커서 그런지

비교해 봅시다

'- 기 일쑤이다' vs '-곤 하다'

'-기 일쑤이다'는 부정적인 결과가 반복됨을 나타내고 '-곤 하다'는 장기간에 걸쳐 같은 행동을 반복한다는 의미를 가진 표현이다. 두 표현은 행동이 반복된다는 점에서 같지만 '-기 일쑤이다'가 부정적인 의미를 지닌다면 '-곤 하다'는 부정적인 의미가 담기지 않았다는 점이 다르다.

- 나는 건망증이 심해서 우산을 들고 나가면 **잃어버리기 일쑤이다.**
- 가슴이 답답할 때는 산책을 하거나 등산을 **하곤 한다.**

읽기

1 다음은 무엇에 대한 글인지 고르십시오. (　　　)

삶의 희망이 보이지 않을 때
고민하지 말고 전화하세요.

24시간 자살 예방 상담
당신 곁엔
1393

우울감 등 말하기 어려운 고민이 있거나
주변에 이런 어려움을 겪는 가족, 지인이 있는 경우
아래의 번호로 연락 주세요.
24시간 전문가의 상담을 받을 수 있습니다.

- 자살 예방 상담 전화 　☎ 1393
- 청소년 상담 전화 　☎ 1388
- 희망의 전화 　☎ 129
- 생명의 전화 　☎ 1588-9191

① 심리 상담　　　　② 진로 상담　　　　③ 실종 신고　　　　④ 병원 광고

2 다음을 읽고 글의 주제로 가장 알맞은 것을 고르십시오. (　　　)

　　인터넷에 올라오는 짧은 동영상 콘텐츠는 재미와 정보를 제공하는 반면에 주의력에 부정적인 영향을 미칠 수 있다. 사람들이 동영상 공유 사이트에 올라오는 끊임없는 콘텐츠에 빠져들면 시간도 낭비될뿐더러 집중력도 약해지기 쉽다. 최근 빠른 변화와 긴장되는 장면에 익숙해진 나머지 오래 앉아서 해야 하는 공부나 자극 없는 일상생활에 집중하기 어려워졌다는 사람들이 늘고 있다. 특히 젊은 층의 경우 성적도 저하되거니와 생산적인 시간도 줄어들 수 있으므로 짧은 동영상 콘텐츠를 즐기더라도 적절한 시간 관리와 균형을 유지하는 것이 중요하다.

① 집중력이 약해진 사람들은 긴 시간의 동영상을 시청하는 것이 좋다.
② 어린 사람들은 동영상을 통해 정보를 제공받는 탓에 집중력이 떨어진다.
③ 오랜 시간 동영상을 접하는 사람들은 일상생활에 불편함을 느낄 수 있다.
④ 짧은 동영상을 시청할 때 일상생활에 부정적인 영향을 주지 않도록 관리가 필요하다.

[3-4] 다음을 읽고 물음에 답하십시오.

한국 언론에서는 자살을 흔히 '극단적 선택'이라는 용어로 완곡하게 표현한다. (㉠) 그런데 최근 언론중재위원회에서 이 표현에 대한 사용을 자제하라는 권고가 내려왔다. (㉡) 우울증을 겪고 있는 상태에서 자살을 하는 경우가 많은데 심리적인 고통과 절망에 빠져 있는 병적인 상태에서의 자살을, 한 개인이 희망하여 선택한 결과로 오해할 수 있다는 것이다. (㉢) 우울증에 걸리지 않았더라도 과연 그 사람이 자살을 선택했을까? (㉣) 이는 개인의 선택이 아닌, 우울증으로 인한 극단적 결과로 해석되어야 할 것이다. 언론에서는 '극단적 선택'이라는 표현도 자제해야 하지만 그렇다고 해서 '자살'이라는 직접적인 표현도 적극적으로 사용할 만한 표현은 아닐 것이다. 앞서 언급했다시피 유명인의 자살 보도는 일반인들에게 모방 자살을 부추길 수 있기 때문이다. 그러므로 불가피하게 자살 사건을 보도하게 되는 경우에는 '사망'이나 '숨지다'와 같은 객관적 표현을 쓰는 것이 낫다고 전문가들은 말한다.

3 주어진 문장이 들어갈 곳으로 가장 알맞은 것을 고르십시오. (   )

이는 '죽음'에 대한 직접적 언급을 피하고자 하는 한국의 언어 문화가 반영된 것이다.

① ㉠   ② ㉡   ③ ㉢   ④ ㉣

4 윗글의 내용과 같은 것을 고르십시오. (   )

① '극단적 선택'보다는 '자살'이라는 표현을 언론에서 쓰도록 해야 한다.
② 우울증으로 인한 자살 보도를 할 때 '극단적 선택'이라는 표현을 많이 써 왔다.
③ '사망'이라는 표현은 개인의 감정이 들어간 표현으로 자살을 부추길 위험이 있다.
④ 유명인의 자살은 일반 사람들에게 영향을 미칠 수 있으므로 보도를 금지해야 한다.

더 읽어 보기

· 숏폼 중독이란 무엇일까요? 숏폼을 많이 보면 어떤 부작용이 있을까요?

숏폼(short-form)이란 미디어와 온라인 분야에 올라오는 글, 오디오, 비디오 등의 콘텐츠 중 짧은 형태의 콘텐츠를 말하는데 글자의 경우 140자 내, 동영상의 경우 주로 1~2분 정도의 분량으로 되어 있다. 사용자가 짧은 시간 동안 집중해서 볼 수 있도록 간단한 내용이나 흥미를 끌 수 있는 소재를 다룬다는 특징이 있다. 숏폼의 인기가 많아짐에 따라 숏폼 중독에 대해 걱정하는 목소리가 나오고 있다. 숏폼 중독 현상을 마약 중독에 비유하는 사람도 있는데 똑같은 자극을 원하거나 더 심한 자극을 주는 마약을 찾는 것처럼 숏폼 또한 끊을 수 없고 더 자극적인 영상을 원하게 된다는 것이다.

듣기

1 다음을 듣고 가장 알맞은 그래프를 고르십시오. (   )

①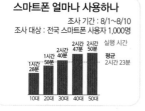

②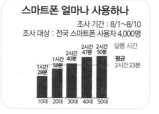

③

④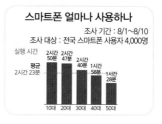

2 다음을 듣고 남자의 중심 생각을 고르십시오. (   )

① 여자의 스마트폰 의존도가 지나치다.

② 스마트폰에 한번 중독되면 벗어나기가 어렵다.

③ 사람들이 없는 곳에서 스마트폰 사용을 하는 것이 좋다.

④ 주변 사람들이 도와줘야 스마트폰 중독에서 벗어날 수 있다.

[3-4] 다음을 듣고 물음에 답하십시오.

3 여자가 이 자리에 온 목적으로 알맞은 것을 고르십시오. (   )

① 중독의 종류를 소개하기 위해

② 자신의 중독 습관을 치료하기 위해

③ 중독의 금단 증상을 설명하기 위해

④ 현대인의 중독 증상에 대해 안내하기 위해

4 들은 내용과 같은 것을 고르십시오. (   )

① 여자는 빵과 떡을 좋아한다.

② 여자는 잠잘 때도 휴대폰을 손에 들고 잔다.

③ 여자는 뭔가를 참는 것을 잘 못하는 편이다.

④ 여자는 커피를 많이 마셔서 불면증에 걸렸다.

말하기

● 뉴스를 듣고 자료에 제시된 사회 현상의 변화를 설명하십시오. 그리고 그 현상을 극복할 수 있는 방안에 대해 두 가지 이상 말하십시오.

Track 12

HIBS NEWS

**불면증 환자,
10년 동안 두 배 늘어**

〈1인당 연간 커피 소비량〉
단위 : 잔, 대상 : 20세 이상 성인

	288	298	341	349	377
	2012	2013	2014	2015	2016년

자료 : 농림축산식품부

수면 장애 극복 방안의 예 : 3시 이후 카페인 섭취 자제, 디카페인 음료 섭취

규칙적인 생활 습관, 낮에 산책하는 습관 …

: 농림축산식품부의 조사에 따르면 …

쓰기

● 다음을 참고하여 600–700자로 글을 쓰십시오. 단, 문제를 그대로 옮겨 쓰지 마십시오.

사람은 누구나 우울함이나 불안함을 겪는다. 이런 정신적인 문제를 개인이 해결해야 할 일로만 생각할 게 아니라 사회적으로 문제 해결 방안을 고민해야 한다는 지적의 목소리가 점차 커지고 있다. 아래의 내용을 중심으로 '정신 건강과 건강한 사회'에 대한 자신의 생각을 쓰라.

· 정신 건강이 사회적으로 중요한 이유는 무엇인가?
· 어떤 사회가 개인들의 정신 건강에 악영향을 미치는가?
· 정부와 사회는 국민들의 정신 건강을 위해 어떻게 노력해야 하는가?

CHAPTER

9

가치관의 변화

9-1 일과 삶의 조화

- 여러분은 어떤 분야에서 일해 보고 싶습니까?

- 여러분이 인생을 살면서 가장 중요하다고 생각하는 가치는 무엇입니까?

문법 1

A/V-(으)ㄹ 법하다

> 내가 회사를 그만두고 세계 여행을 하겠다고 했더니 부모님이 다시 생각해 보라고 하시네.

> 그래? 어렵게 들어간 직장이니까 퇴사를 반대하실 법하지.

말하는 사람이 봤을 때, 어떤 상황이 실제 일어날 만한 가능성이 높거나 그럴 만한 이유가 있어 보이는 경우에 사용한다.

어렵게 들어간 직장이니까	퇴사를 반대하실 **법하다.**
↓	↓
근거 및 배경	가능성 있는 일

- 그런 말을 들으면 화가 **날 법하지요.**
- 다른 일에 도전해 보고 싶다는 생각은 직장인이라면 누구나 **해 봤을 법합니다.**
- 내 동생은 아르바이트하면서 대학 공부하는 것이 **힘들 법도 한데** 내색한 적이 한 번도 없다.
- 한국어를 3년이나 배웠으면 **잘할 법한데** 왜 아직도 말하는 게 어색할까?
- 그는 어떤 분야에서라도 거장이 **됐을 법한** 천재 예술가였다.

🔍 특정한 조건이나 상황에서의 발생 가능성을 강조하고자 할 때는 '(이)나'를 붙인다.

- 100년 전**에나 일어날 법한 일**이 현재 벌어지고 있다니 믿을 수 없네요.
- 어제 뉴스에서 본 사건은 영화**에서나 나올 법한** 충격적인 사건이었다.

내색하다 | 거장 | 충격적

1 다음 상황에서 생각해 볼 수 있는 일에 대해 이야기해 보십시오.

보기	혼자 일하다	피곤하다
(1)	오래 배우다	
(2)		입주를 원하는 사람이 많다
(3)	물가가 크게 오르다	충분히 부담스러워하다

보기 가 이 가게는 음식도 맛있을뿐더러 사장님이 친절해서 좋아요.

나 맞아요. 혼자 일하니까 **피곤할 법한데** 항상 미소를 잃지 않아요.

(1) 가 유민이 골프를 배운 지 꽤 됐다고 들었는데 골프 실력이 어때? 많이 늘었어?

나 _____ 아직도 잘 못 쳐.

(2) 가 저기 새로 지어진 아파트 있잖아? 매매가도 높지 않은 편인데 아직도 입주자가 별로 없대.

나 그래? _____ 왜 인기가 없을까?

(3) 가 기념일이 많은 5월에는 지출할 데가 많아서 부담을 느끼는 사람들이 많은 것 같습니다.

나 _____

2 다음은 일반적인 예상과 다른 모습을 보여 주는 상황입니다. 다음의 문장을 완성해 보십시오.

보기 스트레스를 받다 　　(1) 놀라다 　　(2) 한턱내다

보기 김 대리는 팀장의 과한 업무 지시 때문에 **스트레스를 받을 법한데** 별로 힘들어하지 않고 일을 해낸다.

(1) 사고를 목격한 시민은

(2) 성공한 내 친구는

매매가 | 지출하다 | 업무 | 지시

문법 2

A/V-(으)ㄹ 테지만

디자인을 배우려고 유학 준비하고 있다면서?

응, 쉽지 않을 테지만 늦기 전에 도전해 보고 싶어.

말하는 사람이 앞의 내용은 강하게 추측하지만 뒤의 내용은 그것과 반대되거나 다를 수 있음을 나타낼 때 사용한다.

쉽지 않을 테지만   늦기 전에 도전해 보고 싶다.

↓   ↓

강한 추측   반대되는 사실

- 신입이라 여러모로 **부족할 테지만** 많이 도와주십시오.
- 이 일이 처음에는 **힘들 테지만** 며칠만 해 보면 익숙해질 겁니다.
- 군에 입대하면 모든 게 **낯설 테지만** 금방 적응할 수 있을 것이다.
- 어머니는 유학을 **허락하실 테지만** 아버지는 끝까지 반대할 것 같아요.
- 대학을 졸업하면 취업은 **할 테지만** 근무 여건이 좋은 곳에 취업할 수 있을지는 알 수 없다.
- 조금 더 노력했다면 **성공할 수 있었을 테지만** 결국 실패하고 말았다.
- 그 사람은 네 친구니까 분명 좋은 **사람일 테지만** 지금은 아무도 만나고 싶지 않아.

여러모로 ┃ 군 ┃ 입대하다 ┃ 여건

1 다음 상황에서 앞의 상황과 상관없이 이어지는 반대의 내용을 말해 보십시오.

보기	준비는 해 오다	발표를 잘할 것 같지는 않다
(1)	이별이 쉽지 않다	서로를 위해 헤어지는 게 낫다
(2)		여전히 손님이 많다고 하니까 맛있을 것이다
(3)	공무원이라는 직업을 선택하다	생각보다 낮은 월급 탓에 이직을 고민하는 공무원들이 많아지다

보기 가 서준이가 아르바이트하느라 요즘 바쁘던데 과연 기말 발표를 준비할 수 있을까?

나 **준비는 해 올 테지만** 발표를 잘할 것 같지는 않아.

(1) 가 남자 친구랑 결혼에 대한 가치관이 너무 달라서 이제 더 이상 만나기 어려울 것 같아.

나 잘 생각했어. _____

(2) 가 네가 예전에 추천해 준 카페의 사장님이 바뀌었다고 그랬지? 메뉴는 그대로였으면 좋겠다.

나 사장님이 바뀌었으니까 _____

(3) 가 요즘 신입 공무원들의 퇴사 비율이 점점 늘고 있는데 그 이유가 무엇일까요?

나 연금과 안정성 때문에 _____

2 다음 상황에서 고민하는 사람에게 어떤 조언을 해 줄 수 있습니까? 보기 와 같이 문장을 완성해 보십시오.

보기 대학 입시에 실패해서 좌절하고 있는 학생

→ 원하는 대학교에 들어가지 못해 **실망스러울 테지만** 당신의 인생은 이제 시작이니까 다시 도전하면 됩니다.

(1) 부모님과 같이 살고 있지만 직장이 멀어서 독립을 고민하는 직장인

→

(2) 스트레스를 야식으로 푸는 직장인

→

좌절하다 | 당신 | 독립

듣기 어휘

1 직업에 대한 생각

㉮ 열풍 •	• 들다
㉯ 의문 •	• 불다
㉰ 의식 •	• 따지다
㉱ 조건 •	• 깔리다
㉲ 가게 •	• 차리다

(1) 우리 사회에는 경쟁에서 이겨야 한다는
(   ) 있는 것 같다.

(2) 요즘 내가 제대로 일하고 있는 것일까 하는
(   ).

(3) 너무 상대방의 (   ) 결혼하기 어렵다.

(4) 최근 젊은 세대를 중심으로 독서 (   )
있다.

(5) 지금은 식당에서 직원으로 일하고 있지만 앞으로 내
(   ) 싶다.

2 근무 활동

운영하다	감소하다	모색하다	만족하다
집중하다	적용하다	지적하다	작용하다

(1) 계속되는 불황 때문에 카페를 (   ) 힘들어지고 있다.

(2) 기후 위기로 인한 식량 문제를 해결하기 위해 다양한 방법을 (   ) 한다.

(3) 김 대리는 일할 때 (   ) 않아서 실수하기 일쑤였다.

(4) 내가 쓴 보고서에 대해 팀장이 (   ) 부분을 다시 봤지만 솔직히 뭐가 문제인지 잘 모르겠다.

(5) 수입은 적지만 내가 원하는 일을 하고 있기 때문에 지금의 생활에 (   ).

3 일과 개인 생활의 관계

가치관 구직 정체성 조화 혼인율	(1) 요즘은 취업을 위해 ( ) 활동을 할 때 사람들이 중요하게 생각하는 조건이 점점 달라지고 있다. (2) '일과 삶의 ( )'은/는 일과 개인의 생활을 분리하지 않고 적절하게 섞는다는 말이다. (3) ( )이/가 낮아지고 1인 가구가 증가하면서 퇴근 후에 여가 활동에 시간을 쓰는 사람들이 많아졌다. (4) 90년대 중반 이후에 출생한 젊은 세대를 중심으로 일과 삶의 관계에 대한 ( )이/가 변화하고 있다. (5) 좋아하는 일을 하면서 만족감과 성취감을 느끼며 그 일을 통해 자신의 ( )을/를 찾고자 한다.

듣기 1

Track 13

● 다음은 퇴사 후 다른 일을 선택한 청년의 인터뷰 내용입니다. 다음 인터뷰를 듣고 질문에 답해 보십시오.

1 이 사람이 직업을 바꾼 이유는 무엇입니까?

2 이 사람이 여러 가지 일 중에서 카페 운영을 선택한 이유가 무엇입니까?

3 이 사람이 일자리를 바꾸려는 청년들에게 어떤 이야기를 했을까요?

듣기 2

● 일과 삶의 가치관 변화에 대한 대담을 듣고 질문에 답해 보십시오.

Track 14

워라밸 (Work and Life Balance)

일 (Work)　삶 (Life)

균형

워라블 (Work and Life Blending)

일 (Work)　삶 (Life)

조화

궁금하다 ｜ 반복적 ｜ 경직되다 ｜ 조직

1 빈칸에 워라밸과 워라블에 대해 메모하면서 들으십시오.

	워라밸	워라블
방식	일과 개인 생활을 _____	일과 개인 생활을 _____
예시	• 퇴근 후 가정생활을 할 시간을 갖는다. •	• •

2 직장인들이 워라밸을 중요한 가치로 여긴다는 사실을 무엇을 통해 알 수 있습니까?

3 워라블을 추구하는 사람들은 일을 통해 무엇을 얻고자 합니까?

4 여러분에게 '일'이란 무엇입니까?

과제

○ 청년들을 대상으로 직업 선택의 기준에 대해 조사한 결과를 보고 여러분이 직업을 선택하는 기준을 생각해 보세요. 그리고 여러분은 어떤 생활 방식을 원하는지 이야기해 보십시오.

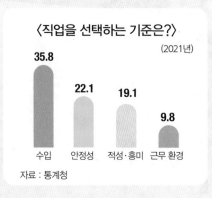

〈직업을 선택하는 기준은?〉
(2021년)
35.8 수입
22.1 안정성
19.1 적성·흥미
9.8 근무 환경
자료 : 통계청

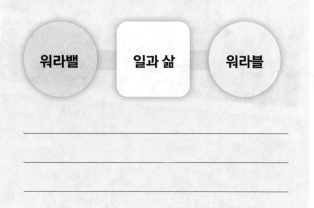

워라밸   일과 삶   워라블

_____

_____

후반 | 가정 | 확대되다 | 기저 | 욕구 | 의미하다 | 동호회

9-2 고령화 시대와 가족

• 노인 1인 가구가 겪는 어려움은 무엇일까요?

• 여러분은 노후 준비에 대해 생각해 본 적이 있습니까?

A/V-(으)면 그만이다

> 난 결혼 생각이 없는데
> 우리 부모님은 꼭 해야 된다고
> 잔소리하셔서 너무 스트레스 받아.

> 네가 결혼하기 싫으면
> 안 하면 그만이지. 시간이 지나면
> 부모님도 포기하실 거야.

💡 문제가 해결되었거나 이미 그 상황으로 충분히 만족스럽다는 것을 나타낸다.

결혼하기 싫으면	안 하면 그만이다.
↓	↓
상황	문제 해결

- 다른 사람들이 제 일에 대해 뭐라고 해도 저만 **좋으면 그만이죠.**
- 드라마가 재미없으면 욕할 것 없이 **안 보면 그만이다.**
- 우리 할아버지는 아직도 여자는 살림만 **잘하면 그만이라는** 생각을 가지고 계신다.
- 아무리 돈이 중요한 세상이라지만 돈만 잘 **벌면 그만인가요?**
- 물건을 한번 **사 갔으면 그만이지** 이제 와서 바꿔 달라고 하면 어떻게 합니까?

🔍 자주 사용하는 속담

- 평안 감사도 저 **싫으면 그만이다**
  아무리 좋은 일이라도 자기가 하기 싫으면 그것으로 끝이다.
- 모로 가나 기어가나 서울만 **가면 그만이다**
  수단이나 방법이 무엇이든 상관없이 목적만 이루면 된다.

모 | 기어가다

1 다음과 같은 상황에서 사람들이 보이는 태도에 대해 어떻게 생각합니까?

보기	입원비만 내 주다	태도	부모를 더 병들게 하다
(1)	나만 편하다	생각	너무 이기적이다
(2)	돈만 벌다	잘못된 생각	소비자들이 피해를 보다
(3)	시청률만 잘 나오다	무책임한 태도	문제이다

보기 가 아픈 부모를 요양 병원에 보내고 찾아가지도 않는 사람들도 적지 않대.

나 입원비만 **내 주면 그만이라는** 태도가 부모를 더 병들게 하는 것 같아.

(1) 가 공유 전동 킥보드를 아무 데나 세워 놓고 가는 사람이 많네.

나 그러게. _____

(2) 가 어떤 식품 회사에서 유통기한이 지난 식품을 날짜만 바꿔서 새것처럼 팔았대요.

나 _____

(3) 가 언론사가 단지 대중의 관심을 끌기 위해 사실 확인이 되지 않은 사건을 보도하는 걸 볼 때마다 더 이상 언론을 신뢰하기 어렵겠다는 생각이 들어요.

나 네, _____

2 다음과 같은 문제 상황에 알맞은 댓글을 달아 보십시오.

보기 별 "저는 그냥 혼자 사는 게 편한데 부모님이 사귀는 사람이 있는지, 결혼은 언제 할 건지 자꾸 물어보셔서 너무 스트레스 받아요."

자연인 혼자 살든 결혼을 하든 행복하게 **살면 그만입니다.** 별님이 지금 행복하다면 가족들의 말에 너무 신경 쓰지 말고 지금의 생활을 즐기세요.

(1) 슈퍼스타 "유튜버로 일한 지 얼마 안 됐는데 제 영상을 끝까지 보지도 않고 나쁜 말만 댓글로 다는 사람도 많아서 기분이 나빠요."

지나가요

(2) 서준맘 "우리 아이는 미술과 음악에 관심이 없지만 앞으로 무슨 일을 하게 될지 모르니까 미술 학원과 피아노 학원에 보내고 있는데요. 너무 다니기 싫어해서 고민입니다."

딸바보

병들다 | 이기적 | 요양 병원 | 전동 킥보드 | 보도하다 | 신뢰하다

문법 2

> 이번에 독립하려고
> 전셋집 알아보고 있다면서?

> 응, 직장 주변에서 구하고 있는데
> 거기는 주거 환경이 좋아서 그런지
> 전세는 고사하고 월세도 찾기 힘드네.

❗ 앞의 내용은 말할 것도 없이 불가능하고, 그보다 쉬운 뒤의 내용 역시 쉽지 않음을 나타낸다.

전세는 고사하고	월세도 찾기 힘들다.
↓	↓
불가능한 사실	쉽지 않은 사실

- 저는 **하와이는 고사하고** 제주도에도 못 가 봤어요.
- **저축은 고사하고** 당장 쓸 돈도 마련하기 어렵다.
- **독립은 고사하고** 취업조차 하지 못하는 성인 자녀들이 많습니다.
- 전기세 때문에 더워도 **에어컨은 고사하고** 선풍기조차 마음껏 틀지 못한다.

🔍 형용사, 동사와 함께 사용할 경우 'A-(으)ㄴ 것은 고사하고, V-는 것은 고사하고'의 형태를 쓴다.

- 발표 시험인데 **외우는 것은 고사하고** 읽는 것도 못 하면 어떻게 하니?
- 요즘 일이 많아서 가족들을 **돌보는 것은 고사하고** 나 하나도 못 챙기고 있다.

1 하기 어렵거나 원하는 대로 되지 않은 일은 무엇입니까?

보기 여행 ———————————— 친구 만날 시간도 없다

(1) 미역국 •   • 수료도 하지 못하다

(2) 1등 •   • 무급 휴가도 신청하기 힘들다

(3) 유급 휴가 •   • 축하 인사도 못 받다

보기 가 5월은 기온도 적당하고 날씨도 맑으니까 정말 여행하기 좋은 계절이야.

나 날씨가 좋으면 뭐하니? 너무 바빠서 **여행은 고사하고** 친구 만날 시간도 없는데.

(1) 가 오늘 생일이죠? 아침에 남편이 미역국을 끓여 줬어요?

나 _____

(2) 가 카린, 이번 시험에서도 1등할 수 있을 것 같아?

나 글쎄. 고급 수업이 어려운 데다가 동아리 활동 때문에 공부를 별로 못해서 _____

_____

(3) 가 요양 기관 근로자들이 초과 근무와 낮은 임금 때문에 고통을 호소하고 있다고 하는데요.

나 네, 인력 부족으로 _____ 합니다.

2 요즘 부모 세대와 자녀 세대가 겪고 있는 어려움이 무엇입니까?

보기

부모님

(1)

회사원

(2)

취업 준비생

보기 노후 준비 : **노후 준비는 고사하고** 자식들 대학 등록금과 결혼 자금도 마련하기 힘들다.

(1) 결혼

(2) 독립

요양 기관 │ 초과 │ 인력 │ 호소하다 │ 자금

읽기 어휘

1 가족

미혼   가구   구성원   핵가족   배우자

(1) (   ) : 남편은 아내를, 아내는 남편을 이르는 말

(2) (   ) : 부부와 결혼하지 않은 자녀가 함께 사는 가족

(3) (   ) : 아직 결혼하지 않음. 또는 그런 사람

(4) (   ) : 조직이나 단체를 이루는 사람

(5) (   ) : 현실적으로 주거와 생계를 같이하는 집단

2 독립과 노후

얹혀살다   노화하다   안일하다   도래하다

구성되다   고립되다   부양하다   상주하다

(1) 이 헬스장은 직원이 24시간 (   ) 때문에 밤에도 안전하게 운동할 수 있다.

(2) 현대인들은 나쁜 식습관과 운동 부족으로 인해 몸이 (   ) 속도가 빨라지고 있다.

(3) 이 아이돌 그룹은 모두 2000년대생으로 (   ).

(4) 이야기를 나누거나 도움을 구할 수 있는 상대가 없어서 사회적으로 (   ) 생각하는
사람들이 증가하고 있다.

(5) 집 구할 돈이 없어서 2개월 동안 친구 집에 (   ) 친구가 눈치를 주기 시작했다.

3 노후를 위한 준비

마냥 소홀히 수명 안정적 정책	곧 평균 (1) ( )이/가 100세가 되는 시대가 온다고 하지만 이러한 시대가 (2) ( ) 반갑지만은 않다. 노후 준비가 제대로 되어 있지 않으면 생활에 어려움을 겪게 될 것이기 때문이다. 따라서 노후에 (3) ( )(으)로 살기 위해서는 개인뿐만 아니라 사회의 노력이 필요하다. 먼저 개인적으로, 자산을 모으는 것은 물론이거니와 다양한 관계를 맺어 놓는 것이 중요하다. 특히 1인 가구의 경우 관계를 (4) ( ) 여기면 자칫 고립된 삶을 살게 될 수도 있기 때문이다. 또한 사회는 현실적으로 도움이 되는 (5) ( )을/를 마련해야 한다.

읽기 1

📑 다음은 실버타운 광고입니다. 광고 내용을 잘 읽고 노후에 실버타운에서 거주하는 것에 대해 어떻게 생각하는지 이야기해 보십시오.

 간호사가 상주하고 있기 때문에 안심할 수 있습니다.

 아프면 돌봄 서비스를 받을 수 있습니다.

 관리비가 합리적이며 식사를 선택할 수 있습니다.

 다양한 문화 프로그램과 일자리 교육 프로그램이 있습니다.

 편의 시설과 CCTV가 잘 갖춰져 있어 편리하고 안전하게 생활할 수 있습니다.

한강 실버타운 입주자 모집
문의 : 02-123-5678

읽기 2

📑 다음은 고령화 시대에 변화하고 있는 가족 형태와 노후에 대한 글입니다. 다음을 읽고 질문에 대답해 보십시오.

고령화 가족

(가) 영화 〈말임 씨를 부탁해〉는 결혼한 아들, 혼자 사는 할머니 '말임 씨', 할머니를 돌보는 요양 보호사의 관계를 그린 영화이다. 이 영화는 노인 1인 가구의 생활상과 부모와 자식 간의 관계를 매우 현실적으로 보여 주는데 어느 가정에서나 일어날 법한 내용을 담담하게 다루고 있어 영화가 아니라 한 편의 다큐멘터리 같다. 이미 수년 전부터 '말임 씨'와 같은 노인 1인 가구에 대한 뉴스를 자주 접하고 있는 까닭에 영화의 내용이 언젠가는 자신의 현실이 될 수도 있다고 생각하는 청년들도 적지 않을 것이다.

▶ 내용 확인

1. 소재
   (가) 영화로 보는 노인 1인 가구의 생활상

실버타운 │ 요양 보호사 │ 관계를 그리다 │ 담담하다 │ 다큐멘터리

(나) 흔히 1인 가구라고 하면 자신만의 공간에 만족하며 홀로서기를 하는 청년을 떠올리기 쉽지만 사실상 청년 1인 가구의 비율은 생각보다 높지 않다. 현재 1인 가구는 전체 가구의 34%에 달하는데 그중 70세 이상이 27%이고 60세 이상까지 포함하면 노인이 전체 1인 가구의 절반을 차지하고 있다. 전문가들은 앞으로 20~30년쯤 후에는 1인 가구의 약 40%가 70대 이상의 노인이 될 것이라 전망한다. 혼자 사는 노인 가구가 1인 가구의 주를 이루게 되는 것이다.

(다) 가족 구성원의 고령화가 1인 가구에만 해당하는 것은 아니다. 전문가들은 곧 70대 이상인 부부 가구가 전체 부부 가구의 약 57%를 차지하게 될 것이라 말한다. 부부와 미혼 자녀로 구성된 핵가족의 구성원들도 노화하고 있다. 현재 50대 미만 성인 10명 중 3명이 부모 집에 얹혀살고 있고 앞으로도 독립하지 않은 40~50대 자녀들의 수가 더욱 증가할 것이라고 한다.

(라) 의료 기술의 발전으로 사람의 평균 수명이 100세가 되는 시대가 곧 도래한다지만 이처럼 고령화되어가는 가족의 현실을 생각해 보면 마냥 반가운 소식만은 아니다. 노후 준비가 제대로 되어 있지 않으면 생활에 어려움을 겪게 될 것이 불 보듯 뻔하기 때문이다. 독립은 고사하고 취업조차 하지 못하는 자녀까지 부양하게 될 경우는 더욱 그러하다. 한국은 가족 중심적인 문화를 가진 나라이다 보니 학비, 결혼 자금 등 자녀가 경제적으로 도움이 필요할 때, 노후를 위해 모은 자산까지도 자녀에게 쉽게 내주는 부모가 많다. 하지만 이제는 성인 자녀에게 경제적으로 반드시 도움을 줘야 한다는 인식도 조금씩 바뀌고 있어, 지금의 50~60대 부모 중 노후 자산을 자녀에게 주지 않겠다는 사람들도 늘고 있다.

(마) 부모와 자식 간의 건강한 관계, 그리고 안정적인 노후를 위해서는 개인뿐만 아니라 사회의 노력이 필요하다. 먼저 개인적으로, 자산을 모으는 것은 물론이거니와 다양한 관계를 맺어 놓는 것이 매우 중요하다. 관계를 소홀히 여기면 자칫 고립된 삶을 살게 될 수 있기 때문이다. 또한 사회는 현실적으로 도움이 되는 정책을 마련해야 한다. 혼자 사는 노인이 겪는 어려움, 노인 부부의 배우자 간병, 노인이 된 자녀가 고령의 부모를 돌보는 일 등 고령화된 가족 안에서 발생하는 문제가 사회적 문제로 떠오른 것은 이미 어제오늘의 일이 아니다. 연금만 주면 그만이라는 안일한 생각으로 정책을 세웠다가는 밑 빠진 독에 물 붓기밖에 되지 않는다. 노인 돌봄 정책이 더욱 적극적이고 현실적으로 세워져야 가족의 돌봄을 받지 못하는 사각지대에 놓인 가구도 사회의 돌봄을 받을 수 있을 것이다.

(나) 노인 1인 가구의 증가

(다) 가족 구성원들의 노화

(라) _____
_____

(마) _____
_____

2. 주제
고령화가 가속화되면서 1, 2인 가구가 늘고 가족 구성원 또한 노화하고 있으니만큼 안정적인 노후를 위해
_____

▶ 표현 확인

노인 1인 가구에 대한 뉴스를 자주 접하고 있는 까닭에 젊은 관객들도 영화의 내용이 언젠가는 자신의 현실이 될 수도 있다고 생각한다.

A-(으)ㄴ 까닭에, V-는 까닭에
: 어떠한 원인 때문에

예
• 휴대폰을 장시간 사용한 까닭에 눈의 피로가 심해졌다.

홀로서기 | 주를 이루다 | 미만 | 불 보듯 뻔하다 | 간병 | 밑 빠진 독에 물 붓기 | 돌봄 | 사각지대

 위의 내용을 읽고 다음의 가구가 어떤 변화를 맞게 될지를 요약하여 써 보십시오.

1인 가구	1인 가구의 약 40%가 70대 이상의 노인이 될 것임.
부부 가구	
부부와 미혼 자녀 가구	

2 다음 질문을 읽고 대답해 보십시오.

(1) 노후 자산에 대한 부모들의 인식이 어떻게 달라지고 있습니까?

(2) 안정적인 노후를 위해 개인과 사회가 노력해야 할 점은 무엇입니까?

3 다음의 표현을 사용해서 요즘 일어나고 있는 사회적 현상의 원인에 대해 말해 보십시오.

A-(으)ㄴ 까닭에, V-는 까닭에

과제

○ 캥거루족은 독립할 나이가 되었지만 독립하지 못하고 부모님에게 경제적으로 의존하며 사는 사람을 의미합니다. 결혼하지 않았거나 취업을 못 해서 부모님과 동거하는 것에 대해 여러분은 어떻게 생각합니까? 아래의 설문 조사 결과를 보고 여러분의 의견을 말해 보세요.

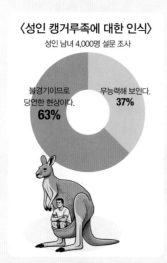

〈성인 캥거루족에 대한 인식〉
성인 남녀 4,000명 설문 조사

불경기이므로 당연한 현상이다. **63%**
무능력해 보인다. **37%**

저는 성인이 되었다고 해서 반드시 독립할 필요는 없다고 생각합니다. 물론 취업을 해서 경제적인 독립은 반드시 해야 하지만 직장까지의 거리가 멀다든가 하는 특별한 이유가 없다면 굳이 부모님과 따로 살 필요가 있을까 싶습니다. 특히 이런 불경기에는 부모님과 같이 사는 게 경제적으로 더 나으니까요.

글쎄요. 저는 생각이 조금 다릅니다.

_____

_____

_____

어휘 늘리기

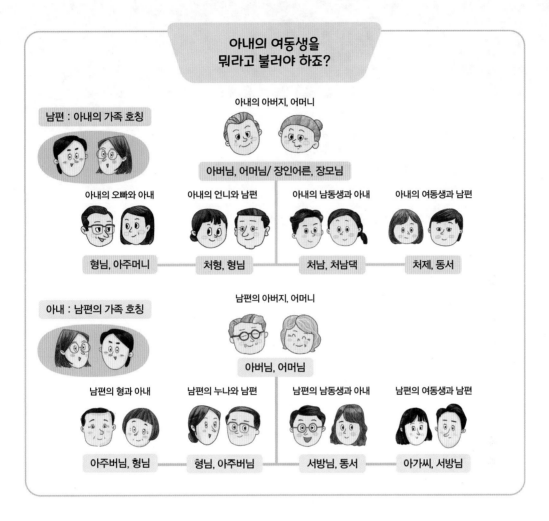

이야기해 봅시다.

- 여러분 나라에서는 배우자의 부모님을 뭐라고 부릅니까?
- 여러분이 알고 있는 가족 호칭에 대해 더 이야기해 보세요.

속담

- **우물을 파도 한 우물을 파라**
  어떤 일을 하든 한 가지 일을 끝까지 해야 성공할 수 있다는 말
- **초년고생은 사서라도 한다**
  젊었을 때 하는 고생은 미래를 위한 중요한 경험이 되므로 고생을 긍정적으로 여긴다는 말

9-3 TOPIK 유형으로 확인하기

◎ 주어진 단어를 활용하여 빈칸에 다양한 말을 넣어 보십시오.

부담되다

취업한 지 얼마 안 되는 청년들이라면 경제적으로 독립하여 사는 것이 (　　　　　　　　).

(1) 빈칸에는 어떤 표현들을 사용해 볼 수 있을까요?

> 보기 　부담될 수 있다 …　_____

(2) 위의 표현 중에 가장 적절하다고 생각되는 표현은 무엇입니까? 자신이 그 표현을 선택한 이유를
　　이야기해 보십시오.

실전 연습

※ [1–2] (　　　　)에 들어갈 말로 가장 알맞은 것을 고르십시오.

1. (　　　)

　　다른 사람에게 피해를 주든 말든 나만 (　　　　　).

　　① 편할 뿐이다　　　　　　　　　　　② 편할 리 없다

　　③ 편하면 그만이다　　　　　　　　　④ 편하기 마련이다

2. (　　　)

　　재작년에 메이저 대회에서 우승한 선수가 작년에는 (　　　　　) 눈에 띄는 성적도 거두지 못했다.

　　① 우승으로 여기고　　　　　　　　　② 우승은 고사하고

　　③ 우승뿐만 아니라　　　　　　　　　④ 우승에도 불구하고

◎ 밑줄 친 부분과 바꿔 쓸 수 있는 표현들을 적어 보십시오.

> 회사 사정이 악화되어 **보너스는 고사하고** 월급도 못 받고 있다.

(1) 밑줄 친 표현은 어떤 표현으로 바꿔 볼 수 있을까요?

　　　[보기] 보너스는 물론이고 … _____

(2) 자신이 적은 표현과 제시된 표현 사이에는 어떤 차이가 있습니까? 두 표현을 비교해서 설명해 보십시오.

실전 연습

※ [3–4] 밑줄 친 부분과 의미가 가장 비슷한 것을 고르십시오.

3.　(　　)

그 영화는 현대인이라면 누구나 공감할 법한 내용을 담고 있다.

① 공감할 만한　　　　　　　　　② 공감하면 그만인

③ 공감할까 싶은　　　　　　　　④ 공감하기 일쑤인

4.　(　　)

일 때문에 많이 바쁘실 테지만 잠깐만 들어주시면 좋겠습니다.

① 바쁘시거니와　　　　　　　　② 바쁘신 만큼

③ 바쁘신 가운데　　　　　　　　④ 바쁘시겠지만

비교해 봅시다

'-(으)ㄹ 법하다' vs '-(으)ㄴ/는 법이다'
'-(으)ㄹ 법하다'는 말하는 사람이 봤을 때 어떤 상황이 일어날 가능성이 높거나 그럴 이유가 있어 보일 때 사용한다.
'-(으)ㄴ/는 법이다'는 세상의 당연한 이치를 말할 때 사용한다.

• 한국어를 5년이나 배웠으면 **잘할 법한데** 왜 아직도 말하는 게 어색할까?
• 노력하는 사람이 **성공하는 법**이라고 하는데 요즘은 꼭 그렇지도 않은 것 같다.

읽기

1 다음 신문의 기사 제목을 가장 잘 설명한 것을 고르십시오. (   )

> ## "30~40대에 은퇴를 꿈꾸는 젊은 세대들"
> ### 주식 투자로 노후 자금 준비

① 젊은 직장인들이 퇴직금으로 주식 투자를 하고 있다.

② 젊은 세대들은 노후보다는 현재를 중요하게 생각한다.

③ 은퇴를 희망하는 삼사십대 직장인들이 예전보다 많아졌다.

④ 은퇴를 원하는 젊은이들이 주식 투자로 노후 자금을 마련한다.

2 다음을 읽고 글의 내용과 같은 것을 고르십시오. (   )

> 한국은 고령 인구의 비중이 크게 증가하고 있음에도 정부는 고령자를 위한 현실적인 일자리 정책을 내놓지 못하고 있다. 조사에 따르면 60세 이상의 고령자 중 취업을 희망하는 사람은 많으나 고용률은 45% 정도밖에 되지 않는다고 한다. 또한 정규직 일자리가 거의 없고 일을 구하더라도 남성은 경비, 여성은 청소나 돌봄 등 제한된 분야에 취업하게 된다. 따라서 직업 교육 훈련을 늘리고 정년 퇴직한 사람을 다시 고용하는 등 일자리 문제 해결을 위한 대책을 하루빨리 마련해야 한다.

① 정부는 정년 연장에 대한 정책을 세우고 있다.

② 정규직은 고사하고 비정규직 일자리도 거의 없다.

③ 60세 이상의 고령자 고용률은 절반에 미치지 못했다.

④ 정부는 고령자의 실업률을 낮추기 위해 노력하고 있다.

더 읽어 보기

· 파이어족에 대해 들어 봤습니까? 여러분은 은퇴 후 어떤 삶을 살고 싶은지 이야기해 보십시오.

파이어족 (FIRE- : Financial Independence, Retire Early)
  30대 후반이나 40대 초반에 조기 은퇴를 하기 위해 자금을 마련하는 사람들을 뜻한다. 이들은 조금이라도 빨리 돈을 모아서 은퇴한 후 자신이 원하는 삶을 살고자 한다.

〈조기 은퇴 시 가장 기대되는 것〉

40% "2030세대, 파이어족 준비한다."

취미 생활	가족, 친구들과 보낼 시간	인간관계 스트레스 감소	기타
40%	20%	15%	15%

[3-5] 다음을 읽고 물음에 답하십시오.

현재 1인 가구는 전체 가구의 34%에 달하는데 그중 70세 이상이 27%이고 60세 이상까지 포함하면 노인이 전체 1인 가구의 절반을 차지하고 있다. 전문가들은 앞으로 20~30년쯤 후에는 1인 가구의 약 40%가 70대 이상의 노인이 될 것이라 전망한다. 혼자 사는 노인 가구가 1인 가구의 주를 이루게 되는 것이다. 가족 구성원의 고령화가 1인 가구에만 해당하는 것은 아니다. 전문가들은 곧 70대 이상인 부부 가구가 전체 부부 가구의 약 57%를 차지하게 될 것이라 말한다. 부부와 미혼 자녀로 구성된 핵가족의 구성원들도 노화하고 있다. 현재 50대 미만 성인 10명 중 3명이 부모 집에 얹혀살고 있고 앞으로도 독립하지 않은 40~50대 자녀들의 수가 더욱 증가할 것이라고 한다.

의료 기술의 발전으로 사람의 평균 수명이 100세가 되는 시대가 곧 도래한다지만 이처럼 고령화되어 가는 가족의 현실을 생각해 보면 마냥 반가운 소식만은 아니다. 노후 준비가 제대로 되어 있지 않으면 생활에 어려움을 겪게 될 것이 (   ). 독립은 고사하고 취업조차 하지 못하는 자녀까지 부양하게 될 경우는 더욱 그러하다. 한국은 가족 중심적인 문화를 가진 나라이다 보니 학비, 결혼 자금 등 자녀가 경제적으로 도움이 필요할 때, 노후를 위해 모은 자산까지도 자녀에게 쉽게 내주는 부모가 많다. 하지만 이제는 성인 자녀에게 경제적으로 반드시 도움을 줘야 한다는 인식도 조금씩 바뀌고 있어, 지금의 50~60대 부모 중 노후 자산을 자녀에게 주지 않겠다는 사람들도 늘고 있다.

3 윗글을 쓴 목적으로 가장 알맞은 것을 고르십시오. (   )

① 고령화의 원인을 분석하기 위해서

② 노후 준비의 필요성을 설명하기 위해서

③ 청년들의 경제적 독립 방안을 모색하기 위해서

④ 고령화가 사회에 미치는 부정적인 영향을 강조하기 위해서

4 (   )에 들어갈 말로 가장 알맞은 것을 고르십시오. (   )

① 눈에 밟히기 때문이다

② 한눈에 보이기 때문이다

③ 불 보듯 뻔하기 때문이다

④ 강 건너 불구경이기 때문이다

5 윗글의 내용과 같은 것을 고르십시오. (   )

① 독립하지 않은 청년층은 감소하는 추세이다.

② 1인 가구의 절반 이상이 70대 고령자가 될 것이다.

③ 고령자의 대다수가 평균 수명이 연장되기를 원한다.

④ 노후 자산 사용에 대한 부모들의 인식이 변화하고 있다.

듣기

1 다음을 듣고 이어질 수 있는 말로 가장 알맞은 것을 고르십시오. (　　　)

Track 15

① 부모님이 할머니를 부양하기 힘들어하셨어?
② 그래? 할머니께서 인터넷 검색을 잘하시네.
③ 그럼 할머니께서 원하시는 대로 해 드려야겠네.
④ 그래서 부모님이랑 생활하는 걸 불편해하셨구나.

2 다음을 듣고 들은 내용과 같은 것을 고르십시오. (　　　)

Track 16

① 여자는 계획적으로 퇴사 준비를 했다.
② 여자는 바리스타 자격증을 딸 예정이다.
③ 여자는 예전에 카페를 운영해 본 적이 없다.
④ 여자는 카페 운영으로 돈을 벌기 어렵다고 했다.

[3-4] 다음을 듣고 물음에 답하십시오.

3 이 대화 전의 내용으로 가장 알맞은 것을 고르십시오. (　　　)

Track 17

① 워라밸에 대한 관심이 줄어들기 시작했다.
② 워라밸의 개념을 아는 사람이 많지 않았다.
③ 일을 우선시하는 것에 대한 반감이 있었다.
④ 자신이 원하는 일을 찾으려는 사람이 많았다.

4 들은 내용과 같은 것을 고르십시오. (　　　)

① 90년대생을 중심으로 워라밸 열풍이 불고 있다.
② 일을 통해 성장하고자 하는 청년들이 늘고 있다.
③ 워라블을 추구하는 사람은 취미와 일을 분리한다.
④ 젊은 세대들은 경제적 안정성보다 정체성을 중시한다.

말하기

● 뉴스를 듣고 자료에 제시된 사회 현상을 설명하십시오. 그리고 그 현상에 대한 전망을 말하십시오.

Track 18

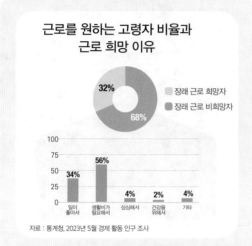

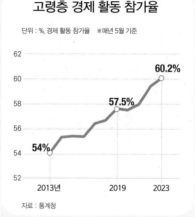

60세 정년 퇴직자, 65세에 연금 받을 때까지 생활비 필요
성취감과 사회의 인정은 돈 못지않게 중요

: 통계청의 경제 활동 인구 조사에 따르면 일하기를 원하는 고령자가 전체 고령자의 68%인 것으로 나타났습니다 …

쓰기

● 다음을 참고하여 600-700자로 글을 쓰십시오. 단, 문제를 그대로 옮겨 쓰지 마십시오.

　　부모 세대와 자녀 세대는 성장한 시대적 배경이 다르기 때문에 직업과 일에 대해 가지고 있는 생각이 다를 수 있다. 아래의 내용을 중심으로 '부모 세대와 자녀 세대의 가치관 차이'에 대한 자신의 생각을 쓰라.

・부모 세대와 자녀 세대에게 일이란 무엇이라고 생각하는가?
・부모 세대와 자녀 세대가 직업을 선택할 때 가장 중요하게 여기는 조건은 무엇인가?
・부모 세대와 자녀 세대는 일과 개인 생활의 균형에 대해 어떻게 생각하는가?

CHAPTER

10

예술을 보는 눈

10-1 다양한 예술의 세계

- 위 작품들을 본 적이 있습니까? 가장 마음에 드는 작품은 무엇이고 가장 이해가 안 가는 작품은 무엇입니까? 그 이유는 무엇입니까?

- 자신이 좋아하는 화가나 예술 작품이 있으면 친구들에게 소개해 보십시오.

문법 1

A-(으)ㄴ걸(요), V-는걸(요)

이 그림은 좀 유치하지 않아? 이런 그림은 유치원 다니는 내 사촌 동생도 그릴 수 있겠다.

나는 색감이 강렬하고 느낌 있어서 마음에 드는걸.

> 상대방이 얘기하는 바에 대해 상황을 설명하면서 가볍게 반박하거나 반대 의견을 말할 때 사용한다.
> 예상 밖의 좋은 결과나 의견에 대한 감탄을 나타내기도 한다.

나는 이 그림이 ⬚⬚⬚⬚⬚⬚ 마음에 드는걸.

↓

상대방 견해에 대한 가벼운 반박

- 가 풍부한 색감을 표현하려면 지금 쓰는 것보다 더 좋은 물감을 사용해야 해요.
  나 알고 있지만 좋은 물감은 너무 **비싼걸요.**
- 가 주말에 회화과 학생들의 졸업 전시회 보러 갈래요?
  나 회화과 전시회는 목요일에 **끝나는걸요.**
- 가 빨리 나가자. 이러다가 약속 시간에 늦겠어.
  나 아직 화장도 다 **못했는걸.**
- 가 이번 행사는 SNS를 통해서 홍보해 보면 어떨까?
  나 좋은 **생각인걸.**

🔍 회상을 나타내는 'A/V–던걸'과 추측을 나타내는 'A/V–겠는걸'도 자주 사용한다.

- 주말에 다녀온 전시회에 사람이 **많던걸.**
- 진수는 지금 실습실에서 작업하고 **있겠는걸.**

유치하다 | 색감 | 물감 | 회화과 | 홍보하다 | 실습실 | 작업하다

1 상대방의 의견에 대해서 자신의 의견을 말하며 가볍게 반박해 보십시오.

상대방의 의견		나의 의견
보기	주말에 여의도에 가고 싶다	지금 벚꽃 시즌이라 사람이 많다
(1)	하늘은 파란색으로 칠하는 것이 좋다	너무 식상하다
(2)	여주인공의 우는 연기가 좋았다	
(3)	HTS의 새로 나온 노래가 너무 좋다	

보기 가 주말에 여의도에 갈까?

　　　나 지금 벚꽃 시즌이라 사람이 **많겠는걸**.

(1) 가 하늘은 파란색으로 칠하는 것이 좋을 것 같은데요.

　　나 파란색 하늘은 _____. 초록색 하늘은 어때요?

(2) 가 여주인공의 우는 연기가 좋지 않았어?

　　나 _____

(3) 가 이번에 새로 나온 HTS의 노래가 너무 좋더라고.

　　나 그래? _____

2 보기 에서 마음에 드는 어휘를 골라 좋은 결과나 예상 밖의 의견에 대한 놀라움을 표현해 보십시오.

보기	느낌 있다	대단하다	놀랍다	신선하다
	좋은 생각이다	엄청나다	획기적이다	생각지도 못했다

(1) 가 이 곡은 전통 판소리를 현대적인 스타일로 바꿔서 부른 곡이에요.

　　나

(2) 가 이 그림 본 적이 있어요? 사람이 그린 게 아니라 AI가 그린 거래요.

　　나

(3) 가 이번 전시회는 오래돼서 사용하지 않는 공장 같은 곳에서 해보는 게 어떨까요?

　　나

칠하다 | 식상하다 | 획기적

문법 2

A-(으)ㄴ 듯(이), V-는 듯(이)

> 정동진에서 일출을
> 보고 왔다면서? 어땠어?

> 해가 뜨면서 바다가 불이 난 듯이
> 붉게 물들었는데
> 그 모습이 너무 멋있었어.

말하고자 하는 대상의 구체적인 상태를 상대가 머릿속에 쉽게 떠올릴 만한 모습에 비유하여 설명할 때 사용한다.
'이'를 생략하여 쓰기도 한다.

해가 뜨면서 바다가   **불이 난 듯이**   붉게 물들었다.

↓   ↓

상대가 쉽게 떠올릴 만한 모습   상태

- 자동차 밑에서 새끼 고양이 한 마리가 배가 **고픈 듯이** 울고 있었어요.
- 서준이 뭔가를 **고민하는 듯이** 방안을 서성거리고 있더라고요.
- 그는 성적표를 받아 들고 **절망한 듯** 고개를 숙였다.
- 장난감을 사 주겠다는 엄마의 말에 아이는 **뛸 듯이** 기뻐했다.
- 그 외국인은 한국의 미용실을 방문한 것이 **처음인 듯** 보였습니다.

🔍 말하는 것처럼 화자에게 전달하는 경우 'A-다는 듯이, V-ㄴ/는다는 듯이'의 형태로 쓰이기도 한다.

- 동물원에 갔는데 원숭이 한 마리가 나를 **신기하다는 듯이** 쳐다봤다.
- 그는 마치 이것이 **마지막이라는 듯이** 나에게 "안녕"이라고 말하며 떠나갔다.

🔍 관용 표현처럼 굳어져 쓰이는 표현들이 많이 있다.

- 시험이 시작되자 교실은 **쥐 죽은 듯이** 조용해졌다.
- 약을 먹자 감기가 **씻은 듯이** 나았다.

일출 | 물들다 | 서성거리다

1. 독자들이 상황을 머릿속에 쉽게 떠올릴 수 있게 생생하게 상황을 묘사하여 다음의 소설을 완성해 보십시오.

	인물	행동에 대한 묘사	상태나 행동
보기	수연	아무 일 없다	웃으면서 친구들에게 인사하다
(1)	서준	걱정스럽다	
(2)	서준	할 말이 있다	
(3)	수연		고개를 돌리다

보기   (중략)

"얘들아, 안녕!"

어머니의 장례식을 마치고 학교에 다시 나온 수연은 보기 **아무 일 없는 듯이** 웃으면서 친구들에게 인사했다. 수연의 어머니가 돌아가신 줄 모르는 친구들은 오랜만에 학교에 온 그녀가 반가워서 학교에 안 온 동안 뭘 했는지 계속해서 물었고 수연은 여행을 다녀왔다면서 여행 얘기를 지어내서 하기 시작했다.

수연의 어머니가 돌아가신 것을 알고 있는 서준은 (1) _____

"수연아, 잠깐 나와 볼래? 나랑 얘기 좀 해."

서준은 (2) _____

"왜? 나는 너랑 할 얘기 없는데?"

수연은 (3) _____

(후략)

2. 다음 그림을 보고 다음의 상황을 묘사해 보십시오.

보기   (1)   (2)

보기 먹다 : 그는 며칠 **굶은 듯이** 급하게 밥을 먹었다.

(1) 웃다

(2) 조용하다

장례식 | 지어내다

듣기 어휘

1 예술성과 상업성

예술	일상	상업적	팝 아트	개념 미술

(1) ( ) : 날마다 반복되는 생활

(2) ( ) : 상품을 사고파는 행위를 통해 이익을 얻는 것

(3) ( ) : 아름다움을 표현하려는 인간의 활동 및 그 작품

(4) ( ) : 완성된 작품보다 아이디어나 과정을 예술이라고 생각하는 것

(5) ( ) : 광고·만화·보도 사진 등을 그대로 그림의 주제로 삼는 회화의 양식

2 예술의 영향

파장	지평	납득	시각
제출하다	숙련되다	무한하다	확장시키다

(1) 청소년들은 ( ) 가능성을 가진 미래의 자산이다.

(2) 전문가들의 예상대로 디지털 기술의 발달은 예술의 영역을 ( ).

(3) 그 작가는 전시회에 살아 있는 동물들을 전시하여 사회적으로 큰 ( )을/를 일으켰다.

(4) 본 교육원은 반복된 직업 기술 훈련을 통해 ( ) 인재를 길러 내고 있습니다.

(5) 환경을 위해서 기술의 발전을 멈춰야 한다는 그의 주장은 도무지 ( )이/가 안 간다.

(6) 지난 방학 때 다녀온 아프리카 여행은 인간과 자연에 대한 새로운 ( )을/를 갖게 해 주었다.

3 팝 아트의 이해

뒤바꾸다	팝 아트는 예술 작품이 순수한 아름다움을 찾는 것이라는 기존의 개념을
추구하다	완전히 (1) ( ) 놓았다. 팝 아트는 아름다움보다는 즐거움을
영감	(2) ( ) 현실을 (3) ( ) 데에 (4) ( )을/를
초점	맞춘다. 팝 아트 작가들은 대중문화와 일상에서 (5) ( )을/를 얻어
풍자하다	예술 작품을 만들기 때문에 결국 예술이 더 많은 사람들에게 다가갈 수 있도록
	만들었다.

듣기 1

● 다음은 팝 아트 전시회에 대한 두 사람의 대화입니다. 잘 듣고 팝 아트에 대한 두 사람의 생각을 이야기해 보십시오.

Track 19

1 레나는 서준에게 무엇을 보러 가자고 했습니까?

2 서준은 팝 아트에 대해서 어떻게 생각합니까?

3 레나는 팝 아트의 특징으로 어떤 점을 이야기했습니까?

듣기 2

● 사진 속에 무엇이 있습니까? 이런 것도 예술이 될 수 있다고 생각합니까?

Track 20

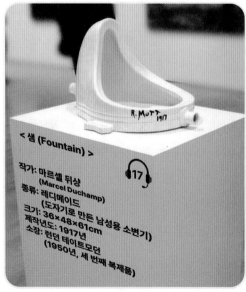

1 뒤샹의 '샘'은 어떤 작품입니까?

2 뒤샹이 '샘'을 통해 사람들에게 전하고자 한 예술의 의미는 무엇입니까?

생활용품 │ 문구 │ 이미지 │ 캐릭터

③ '레디메이드'의 개념을 정의해 보십시오.

"레디메이드란 _____."

④ 여러분은 남자와 여자의 의견을 간단히 메모해 보고 둘 중 누구의 의견에 동의하는지 자신의 예술에 대한 견해를 밝혀 보십시오.

남자	여자
•( ) • 예술은 아름다움과 수준 높은 예술성으로 보는 사람의 마음을 움직일 수 있어야 한다.	• 작가의 선택과 해석이 예술의 중요한 요소이다. •( )

과제

○ 다음의 작품 중 유명 화가의 작품과 아이의 낙서를 구별해서 이야기해 보고 왜 그렇게 생각했는지 이야기해 보십시오.

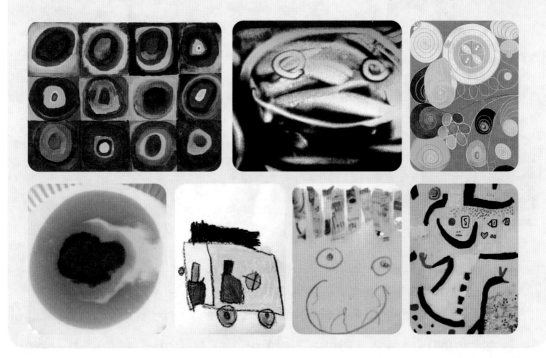

샘 | 소장 | 미술계

- 위 그림을 보고 두 그룹으로 나누어 보고 그렇게 나눈 이유를 설명해 보십시오.
- 위 그림에서 나타난 동양화와 서양화의 가장 큰 차이는 무엇이라고 생각합니까?

문법 1

A/V-(으)ㄹ망정

작가님의 사정이 어려우시다는 얘기를 들었습니다. 이번에 저희 와우 전자에서 나오는 냉장고와 세탁기에 들어갈 그림을 그려주시면 어떻겠습니까?

죄송하지만 제가 굶어 죽을망정 그런 상업적인 그림은 그리지 않을 겁니다.

1. 후행절의 일을 강조하기 위해 선행절의 극단적인 상황을 가정하여 말할 때 사용한다.

굶어 죽을망정	그런 상업적인 그림은 그리지 않을 것이다.
↓	↓
극단적 상황의 가정	강조하고 싶은 일

- 가족과의 인연을 **끊을망정** 절대 꿈을 포기할 수 없다.
- 내가 10년 다닌 회사를 **그만둘망정** 사장님한테 할 말은 해야겠다.
- 길에서 모르는 사람한테 돈을 **구걸할망정** 부모님한테 돈을 빌리지는 않을 거야.

2. 선행절의 부정적 현실은 인정하지만 그것이 후행절의 일에 영향을 미치지 않는다는 사실을 강조하여 말할 때 사용한다.

내가 비록 몸은 **불편할망정**	일을 하다가 중간에 포기한 적은 없다.
↓	↓
인정해야 하는 부정적 현실	영향 받지 않는 사실

- 그 영화는 흥행에는 **실패했을망정** 평단에서는 높은 평가를 받았다.
- 우리 아이가 비록 반에서 **꼴찌일망정** 부정행위를 할 아이가 아닙니다.
- 길에서 모르는 사람한테 돈을 **구걸할망정** 부모님한테 돈을 빌리지는 않을 거야.

구걸하다 | 비록 | 평단 | 꼴찌

1 다음 대상에 대해 부정적인 부분을 고려하여 긍정적인 평가를 내려 보십시오.

	대상	부정적인 부분	긍정적인 부분
보기	이번 영화	예산이 부족했다	배우와 스태프들의 열정이 부족하지는 않았다
(1)	지금 다니는 회사	규모가 작다	기술력이 뛰어나다
(2)	그 작가의 작품		생각 없이 유행을 좇는 작품은 아니다
(3)	새로 들어온 신입 사원	눈치가 좀 없다	

보기　가　이번에 찍으신 영화는 저예산 영화라고 들었는데 흥행이 어렵지 않을까요?

　　　나　아닙니다. 이번 영화는 예산이 **부족했을망정** 배우와 스태프들의 열정이 부족하지는 않았기 때문에 반드시 흥행할 거라고 믿습니다.

(1) 가　지금 다니는 회사는 규모가 너무 작지 않아요?

　　 나　_____ 성장 전망이 밝아요.

(2) 가　그 작가의 작품은 너무 옛날 스타일 아닌가요?

　　 나　_____

(3) 가　새로 들어온 신입 사원이 눈치가 없어서 힘들겠어요.

　　 나　_____

2 다음에 관하여 자신이 절대 하지 않을 일에 대해서 이야기해 보십시오.

거짓말 : 벌을 **받을망정** 상황을 모면하기 위해서 거짓말을 하지는 않을 것이다.

(1) 포기

(2) 부탁

저예산 ｜ 흥행 ｜ 스태프 ｜ 모면하다

문법 2

N(으)로(서)

이 그림은
누구의 작품인가요?

이 그림은 고흐의 작품으로서
후기 인상파의 특징을 잘 보여 주는
그림입니다.

1. 대상에 대해 본격적으로 설명하기에 앞서 대상의 대표적인 특징 등을 간결하게 정리하여 말할 때 사용한다.

이 그림은   **고흐의 작품으로서**   후기 인상파의 특징을 잘 보여 준다.

↓   ↓

대표적인 특징   본격적인 설명

- 서울은 **대한민국의 수도로서** 인구가 900만 명이 넘는다.
- 마당놀이는 **한국의 전통 공연으로서** 노래와 춤, 연기가 어우러진 종합 무대 예술이다.
- 비빔밥은 **밥과 나물을 한 그릇에 넣어 비벼 먹는 음식으로** 외국인들에게도 인기가 많다.

2. 선행절에서 대상의 지위나 신분, 자격 등을 설명하여 후행절의 행위에 당위성을 부여한다.
- 이번 올림픽에는 **배구 대표팀 감독으로서** 참가하게 되었습니다.
- 저는 **사회의 구성원으로서** 제가 맡은 일들을 성실히 해 나갈 것입니다.
- 내가 **네 친구로서** 말하는데 주변 사람들에게 좀 친절하게 대해.

인상파 ｜ 어우러지다 ｜ 종합 무대 예술

1 다음의 지위나 자격으로 할 수 있는 일을 찾아 연결하고 이야기해 보십시오.

| 보기 | 대통령 | •————————————• | 책임지다 |

(1) 부모 •　　　　　　　　　• 명령하다

(2) 지휘관 •　　　　　　　　　• 아이를 야단치다

(3) 하객 대표 •　　　　　　　　　• 축사를 하다

보기 가 대통령님, 정부가 제대로 대응하지 못해 이번에 사고의 피해가 더 커졌다는 얘기가 있는데 이에 대해 어떻게 생각하십니까?

나 제가 **대통령으로서** 이번 사고에 대해 책임지도록 하겠습니다.

(1) 가 어떻게 하면 아이를 올바르게 키울 수 있을까요?

　　나 _____

(2) 가 중대장님, 이 임무는 오늘 안에 마칠 수가 없습니다. 대원들도 불만이 많습니다.

　　나 안 됩니다. _____ 오늘 안에 임무를 꼭 끝내세요!

(3) 가 나딘 씨 결혼식에 가기로 했어요?

　　나 네, 결혼식에 참석할 뿐만 아니라 _____

2 제시어에 해당하는 것 중 가장 먼저 떠오르는 것을 보기 와 같이 소개해 보십시오.

보기

음식 : 비빔밥은 **대표적인 한식으로서** 한 그릇에 밥과 야채를 넣어 비벼 먹는 음식이다.

(1) MC _____

(2) 랜드마크 _____

지휘관 | 하객 | 축사 | 중대장 | 임무 | 대원 | MC | 랜드마크

읽기 어휘

1 미술 용어

먹(물)	명암	색채	붓 터치	패턴	캔버스

(1) (   ) (2) (   ) (3) (   ) (4) (   ) (5) (   ) (6) (   )

2 그림의 표현

찍다	긋다	색칠하다	응시하다	섬세하다
평온하다	극명하다	단아하다	담백하다	대비를 이루다

(1) 내가 가는 네일 숍의 직원은 놓치기 쉬운 부분까지 (   ) 잘 처리한다.

(2) 발표를 할 때는 고개를 숙이지 말고 정면을 (   ) 한다.

(3) 이사를 가는 것에 대해 어머니와 아버지의 의견 차이가 (   ).

(4) 내 친구는 한복 대여소에서 화려하지 않고 (   ) 보이는 한복을 골랐다.

(5) 우리가 이번 방학에 여행할 지역을 지도에서 찾아 선을 (   ) 연결해 보자.

(6) 이상 기후로 홍수가 일어나는 지역은 파란색, 가뭄이 드는 지역은 빨간색으로 표시되어 있어 명백한
(   ).

3 자화상의 해석

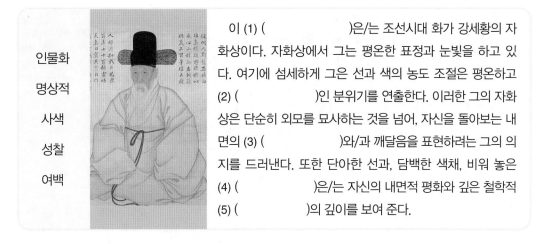

인물화

명상적

사색

성찰

여백

이 (1) (   )은/는 조선시대 화가 강세황의 자화상이다. 자화상에서 그는 평온한 표정과 눈빛을 하고 있다. 여기에 섬세하게 그은 선과 색의 농도 조절은 평온하고 (2) (   )인 분위기를 연출한다. 이러한 그의 자화상은 단순히 외모를 묘사하는 것을 넘어, 자신을 돌아보는 내면의 (3) (   )와/과 깨달음을 표현하려는 그의 의지를 드러낸다. 또한 단아한 선과, 담백한 색채, 비워 놓은 (4) (   )은/는 자신의 내면적 평화와 깊은 철학적 (5) (   )의 깊이를 보여 준다.

읽기 1

📑 다음의 책 표지를 통해서 얻을 수 있는 책에 관한 정보를 이야기해 보십시오.

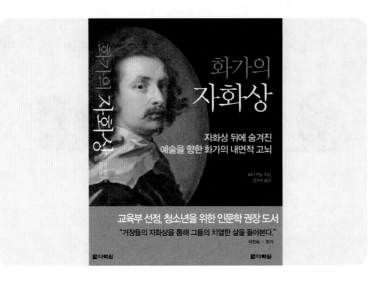

읽기 2

📑 서양화와 동양화의 인물화는 어떤 부분이 다르다고 생각됩니까? 다음 글을 읽으면서 서양 화가가 그린
자화상과 동양의 화가가 그린 자화상의 차이에 대해서 말해 보십시오.

<3장>
서양과 동양의 자화상

(가) 앞서 1장과 2장에서 언급한 서양화와 동양화의 차이는 그림을 그릴 때 사
용하는 도구의 차이에서 기인한다고 해도 과언이 아니다. 예를 들어 서양화의
붓은 기본적으로 납작한 모양으로 면을 색칠하기에 좋고 서양화에 사용되는
물감과 캔버스는 색을 여러 번 덧칠하기에 알맞다. 반면 동양화를 그릴 때 사
용하는 종이는 먹물을 여러 번 덧칠하기에는 내구성이 약하지만 붓은 먹물을
묻혀 점을 찍거나 다양한 굵기의 선을 표현하기에 좋다. 이런 이유로 서양화는
'면과 다양한 색채'를 중심으로 대상이 표현되고 동양화는 '선의 굵기와 명암'
을 중심으로 대상을 표현한다. 그리고 이러한 차이는 시간이 갈수록 사물이나
사람을 바라보는 동·서양의 사고의 차이를 만들게 되었다.

▶ 내용 확인

1. 소재
   (가) 재료와 도구의
        차이에 기인한
        서양화와 동양화
        의 차이

고뇌 | 지음 | 옮김 | 인문학 | 도서

(나) 왼쪽의 인물화는 네덜란드 화가 빈센트 반 고흐의 가장 대표적인 자화상 중 하나로 그가 자살하기 전에 그린 마지막 자화상이다. 이 자화상에서 그는 경직된 표정과 자세로 정면을 응시하고 있는데 강렬한 붓 터치로 표현된 주위의 난기류 같은 패턴과 푸른 바탕색은 그의 불안정한 정신 상태와 우울감을 상징적으로 보여 준다. 하지만 그의 수염과 얼굴에 쓰인 붉은색은 푸른 바탕색과 극명한 대비를 이루어 자신의 정신은 불안할망정 그림을 향한 열정만은 끊임없이 불타고 있음을 보여 주는 듯하다.

(다) 오른쪽의 자화상은 조선 시대의 문인 강세황의 자화상으로 강세황은 오늘날 서울 시장에 해당하는 한성 판윤이라는 지위까지 올랐던 사람이다. 이 자화상에서 그는 평온한 표정과 눈빛을 하고 있으며 얇은 선으로 표현한 옷의 주름과 먹물의 농도로 표현된 명암은 과장되지 않은 자연스러움을 나타낸다. 이러한 그의 자화상은 단순히 외모를 묘사하는 것을 넘어, 내면의 성찰과 깨달음을 표현하려는 그의 의지를 드러낸다. 단아한 선과, 담백한 색채, 주위의 여백은 자신의 내면적 평화와 깊은 철학적 사색을 보여 준다.

(라) 두 화가의 자화상을 통해 서양과 동양의 자화상을 비교해 본다면 고흐는 붓의 터치와 다양한 색채를 활용하여 화가의 감정을 강렬하게 드러내는 반면 강세황의 경우는 섬세하게 그은 선과 색의 농도 조절을 통해 평온하고 명상적인 분위기를 연출한다. 고흐의 〈자화상〉은 개인의 감정을 자유롭게 표현하고 새로운 표현 방식을 모색하는 서양 근대 미술의 특징을 보여 주는 대표적인 작품이라 할 수 있다. 이에 반해 강세황의 〈자화상〉은 자연과의 조화와 내면의 수양을 중시하는 동양 미술의 전통을 이어받았다.

(마) 이들 두 화가의 자화상은 동양화와 서양화의 서로 다른 미적 관점과 가치관을 대표하여 보여 준다고 할 수 있다. 하지만 두 작품은 표현 방식과 추구하는 미적 가치가 다른 것일 뿐, 두 화가 모두 자화상을 통해 화가 자신의 내면을 표현하려고 노력한다는 점에서는 동일하다고 할 수 있다.

(나) _____
_____

(마) 강세황이 그린
자화상의 특징

(라) _____
_____
_____

(마) 동양화의 자화상과 서양화의 자화상은 표현 방식과 추구하는 미적 가치가 다를 뿐 화가의 내면을 표현한다는 점에서 동일하다.

2. 주제
서양의 자화상은 개인의 감정을 자유롭게 표현하는 반면 _____
_____
_____

▶ 표현 확인

동양화와 서양화의 차이는 그림을 그릴 때 사용하는 **재료와 도구의 차이**에서 기인한다고 해도 과언이 아니다.

N에(서) 기인하다.
: 어떤 사실의 원인이 되다

예 북부 지방과 남부 지방의 **요리 방법의 차이는 두 지방의 기후 차이에서 기인한다.**

납작하다 │ 덧칠하다 │ 내구성 │ 난기류 │ 바탕색 │ 문인 │ 수양

1 위의 내용에서 설명하고 있는 서양화와 동양화의 특징을 비교해서 정리해 보십시오.

서양화	동양화
• '면과 다양한 색채'를 중심으로 대상을 표현한다. • (　　　　　　　　　　)	• (　　　　　　　　　　　　) • 자연과의 조화와 내면의 수양을 중시한다.

2 다음 질문을 읽고 대답해 보십시오.

(1) 서양화와 동양화에서 많이 사용하는 미술 도구와 그 특징을 이야기해 보십시오.

　• 서양화 : (　　　　　　　　　　　　　　　　　　　　　)

　• 동양화 : (　　　　　　　　　　　　　　　　　　　　　)

(2) 고흐는 자신의 정서적 불안과 우울을 나타내기 위해 어떤 방법을 사용했습니까?

(3) 고흐의 자화상과 강세황의 자화상 중에 어떤 것이 더 사실적으로 느껴집니까?
　　또한, 둘 중 어떤 자화상의 인물에 더 공감이 갑니까? 그렇게 생각하는 이유는 무엇입니까?

3 여러분은 동양화와 서양화의 차이가 어떤 부분에서 시작된다고 생각합니까? 다음 표현을 사용해서 이야기해 보십시오.

N에서 기인하다

○ 동양화와 서양화는 어떤 차이가 있습니까? 인터넷을 활용하여 정보를 찾은 후 배운 어휘를 활용하여 이야기해 보십시오.

_____

_____

_____

어휘 늘리기

'-적(的)'을 붙여 쓰는 말들에는
어떤 것들이 있을까요?

◉ 실재와 관념을 나타내는 말들

실재하고 정확히 설명될 수 있는 것들을 표현하는 말	그 존재를 정확히 증명하기 어렵지만 머릿속에 있는 느낌을 표현하는 말
구체적, 경험적	추상적
실재적, 실질적	관념적
사실적, 현실적	이상적
상업적, 대중적	예술적

↔

◉ 내향성과 외향성을 나타내는 말들

밖에 있는 혹은 밖으로 향하는 성질을 나타냄	안에 있는 혹은 안으로 향하는 성질을 나타냄
외적	내적
표면적	심층적
외향적	내성적
활동적	사색적
적극적	소극적
능동적	수동적

↔

◉ 이야기해 봅시다.

• '실재'와 '관념' 중에서 자신이 우선적으로 추구하는 가치는 어떤 것입니까?

• 자신과 주변의 가까운 사람들은 어떤 성향을 가지고 있습니까?

속담

• 같은 값이면 다홍치마
두 제품의 가격이 같다면 사람들은 더 예쁜 물건을 구매한다는 말

• 제 눈에 안경
사람마다 자기 눈에 맞는 안경이 있듯이 사람마다 추구하는 아름다움이 다르다는 말

문법과 표현	
	· 어린이날인데 놀이공원에 가자고? 별로 좋은 생각이 **아닌걸**.
	· 강아지는 나를 보자 며칠을 **못 본 듯이** 반가워했다.
	· **굶어 죽을망정** 꿈을 포기할 수는 없다.
	· 이 그림은 **고흐의 대표작으로서** 후기 인상파의 특징을 잘 보여 준다.

◉ 주어진 단어를 활용하여 빈칸에 다양한 말을 넣어 보십시오.

자신의 초상화

자화상은 화가가 스스로 그린 (   ) 화가의 일생을 엿볼 수 있는 좋은 단서가 되기도 한다.

(1) 빈칸에는 어떤 표현들을 사용해 볼 수 있을까요?

   보기   자신의 초상화인데 …   _____

(2) 위의 표현 중에 가장 적절하다고 생각되는 표현은 무엇입니까? 자신이 그 표현을 선택한 이유를 이야기해 보십시오.

실전 연습

※ [1–2] (   )에 들어갈 말로 가장 알맞은 것을 고르십시오.

1.   (   )

   전문가들은 이 그림에 대해 좋은 평가를 하지 않지만 저는 이 그림이 (   ).

   ① 마음에 드는걸요   ② 마음에 들었으면 싶어요

   ③ 마음에 들지도 몰라요   ④ 마음에 든다고 해도 과언이 아닙니다

2.   (   )

   회사가 어려울 때 (   ) 책임을 다 하지 못한 것 같아서 후회스럽습니다.

   ① 회사의 대표로서   ② 회사의 대표인 탓에

   ③ 회사의 대표인가 하면   ④ 회사의 대표를 막론하고

● 밑줄 친 부분과 바꿔 쓸 수 있는 표현들을 적어 보십시오.

> 내가 **손해를 볼망정** 장사하는 사람으로서 고객을 속일 수는 없다.

(1) 밑줄 친 표현은 어떤 표현으로 바꿔 볼 수 있을까요?

  보기 손해를 봐도 … _____

(2) 자신이 적은 표현과 제시된 표현 사이에는 어떤 차이가 있습니까? 두 표현을 비교해서 설명해 보십시오.

실전 연습

※ [3-4] 밑줄 친 부분과 의미가 가장 비슷한 것을 고르십시오.

3. (   )

   어릴 때 집이 가난해서 고생을 많이 <u>했을망정</u> 꿈을 포기하지는 않았다.

   ① 했었고   ② 하지 않고서는

   ③ 했거니와   ④ 했음에도 불구하고

4. (   )

   그는 식탁에 있는 음식을 보자 며칠을 <u>굶은 듯이</u> 허겁지겁 먹기 시작했다.

   ① 굶었던 만큼   ② 굶었으므로

   ③ 굶은 것처럼   ④ 굶은 것 같아서

비교해 봅시다

'~(으)로(서)' vs '~(으)로(써)'

'(으)로서'는 대상의 지위나 자격, 특징을 나타내고 '(으)로써'는 수단이나 방법을 의미하는 표현이다. 두 표현은 의미가 전혀 다르지만 두 표현 모두 '서'와 '써'의 생략이 가능하고 많은 한국 사람들이 '(으)로서'를 [으로써]로 발음하는 경우가 많아 두 표현을 동일한 문법처럼 생각하고 잘못 쓰는 경우가 많다.

- 친구와 싸웠을 때는 **대화로(써)** 문제를 해결해야 한다.
- 대화는 문제를 해결하는 **최고의 방법으로(서)** 솔직하게 자신의 생각을 말하는 것이 좋다.

읽기

1 다음 글과 같은 것을 고르십시오. (　　　　)

팝! 대중문화의 영혼을 만나다.
세계적인 팝 아트 거장들의 걸작들을 한자리에 모아 선보입니다.

기간 : 2025년 6월 1일 (토) ~ 2025년 8월 31일 (일)
관람 시간 : 오전 10시 ~ 오후 6시 (매주 월요일 휴관)
장소 : 홍익 갤러리, 마포구 독막로 101
입장료 : 일반 20,000원, 학생/군인 16,000원, 미취학 아동, 국가 유공자 5,000원
　　　　(단체 할인은 별도 문의)

※ 전시 특별 프로그램 : 팝 아트 프린팅 체험
- 자신이 직접 만든 팝 아트 작품을 프린팅해 드립니다 -

① 단체 관람을 하는 경우 입장료는 5,000원이다.
② 팝 아트의 거장들이 한국에 모여서 전시회를 연다.
③ 아직 초등학교에 입학하지 않은 학생들은 이 전시를 볼 수 없다.
④ 전시회에 가면 팝 아트 작품을 직접 만들어서 출력해 볼 수 있다.

2 다음을 읽고 글의 주제로 가장 알맞은 것을 고르십시오. (　　　　)

　　'예술은 모방으로부터 나온다'는 말이 있다. 이는 예술은 현실이나 다른 예술 작품을 흉내 내는 활동이라는 주장이다. 이를 증명하듯이 과거에는 위대한 예술가들의 작품들을 모방하며 기법을 익히는 과정이 예술 교육에서도 중요한 역할을 했다. 하지만 예술이 우리에게 감동을 주는 이유는 그것이 현실이나 다른 예술 작품을 그대로 모방했기 때문이 아니라 예술가의 관찰과 상상력을 통해 재해석되고 독창적인 표현으로 새로운 의미를 창출해 내기 때문이다. 작가의 창조적 아이디어가 들어가지 않은 작품은 기존의 이미지를 반복해서 재생산하는 모사품에 불과한 것이며 공장에서 대량으로 생산하는 공산품과도 다를 바가 없다.

① 예술은 모방으로부터 나온다는 사실을 인정해야 한다.
② 예술 작품에는 작가의 창조적인 생각이 들어가 있어야 한다
③ 예술 교육에서 위대한 작품을 모방하며 기법을 익히는 과정이 중요하다.
④ 예술 작품을 활용해 공장에서 공산품을 만들어 내는 것을 금지시켜야 한다.

[3-4] 다음을 읽고 물음에 답하십시오.

(㉠) 고흐가 자살하기 전에 그린 마지막 자화상에서 그는 경직된 표정과 자세로 정면을 응시하고 있는데 강렬한 붓 터치로 표현된 주위의 난기류 같은 패턴과 푸른 바탕색은 그의 불안정한 정신 상태와 우울감을 상징적으로 보여 준다. (㉡) 또한 그는 자신의 얼굴을 캔버스 앞쪽에 배치하고 시선을 정면을 향하게 함으로써 관람자와 적극적인 소통을 시도하고 그림을 보는 사람으로부터 공감을 이끌어 낸다. (㉢) 이처럼 고흐의 자화상은 개인의 감정을 자유롭게 표현하고 새로운 표현 방식을 모색하던 서양 근대 미술의 특징을 보여 주는 대표적인 작품이라 할 수 있으며 이후의 화가들에게도 큰 영향을 끼쳤다. (㉣)

3 주어진 문장이 들어갈 곳으로 가장 알맞은 것을 고르십시오. (   )

하지만 그의 수염과 얼굴에 쓰인 붉은색은 푸른 바탕색과 극명한 대비를 이루어 자신의 정신은 불안할망정 그림을 향한 열정만은 끊임없이 불타고 있음을 보여주는 듯하다.

① ㉠   ② ㉡   ③ ㉢   ④ ㉣

4 윗글의 내용과 같은 것을 고르십시오. (   )

① 고흐는 기존 서양 미술의 화풍을 잘 따라서 그림을 그렸다.
② 고흐는 다양한 붓 터치를 활용하여 관람자와 소통을 시도한다.
③ 고흐는 마지막 자화상은 그의 우울증으로 인해 완성되지 못했다.
④ 고흐의 자화상은 이후의 서양 근대 미술 화풍에 많은 영향을 주었다.

더 읽어 보기

· '누구의 잘못인가?' – 5억원 짜리 그림에 낙서한 남녀

지난달 29일 한 갤러리 전시장에 걸려있던 미국의 팝 아트 화가의 그림이 훼손되어 있다는 신고를 받고 경찰이 출동했다. 누군가 전시장에 있던 물감을 사용해서 그림에 초록색 물감을 덧칠한 흔적이 발견됐기 때문이다. 전시회 관리자가 이 사실을 듣고 곧장 CCTV를 돌려 전시장을 찾은 한 남녀 커플이 그림 아래에 있는 붓을 집어 낙서를 하는 장면을 찾아냈다. 경찰에 잡힌 이들은 "벽에 낙서가 되어 있고 바닥에 붓과 페인트가 있길래 낙서를 해도 되는 줄 알았다"고 말했다. 이들은 자신의 그림을 원상 복원하라는 화가의 요구에 복원 비용 1,000만 원을 배상해야 할 상황에 놓였다.

듣기

1 다음을 듣고 가장 알맞은 그림 또는 그래프를 고르십시오. (   )

Track 21

①

②

③

④

2 다음을 듣고 여자의 중심 생각으로 가장 알맞은 것을 고르십시오. (   )

Track 22

① 팝 아트는 지나치게 상업적이라 예술로 보기 어렵다.

② 팝 아트 작품 전시회는 흔히 하는 전시가 아니니까 꼭 보러 가야 한다.

③ 더 많은 사람이 팝 아트 작품을 쉽게 볼 수 있게 제품화에 힘써야 한다.

④ 제품에 인쇄된 팝 아트 작품을 보는 것보다 실제로 보는 것이 더 큰 감동을 준다.

[3-4] 다음을 듣고 물음에 답하십시오.

3 여자가 무엇을 하고 있는지 고르십시오. (   )

Track 23

① 개념 미술이 무엇인지 예를 들어 설명하고 있다.

② 뒤샹의 '샘'이 갖는 미술사적 의미에 대해 설명하고 있다.

③ 마르셀 뒤샹의 삶을 통해 예술의 개념을 다시 정의하고 있다.

④ 진정한 예술이 무엇인지에 대한 자신의 생각을 전달하고 있다.

4 들은 내용과 같은 것을 고르십시오. (   )

① '샘'은 뒤샹이 직접 만들어 서명한 소변기 형태의 작품이다.

② 처음에 '샘'을 뉴욕 전시회에 출품한 사람은 뒤샹이 아니었다.

③ 뒤샹은 '샘'을 통해 예술은 창조의 과정이 중요함을 말하고자 했다.

④ '레디메이드'란 일상생활에서 볼 수 있는 것들을 그대로 활용한 작품이다.

말하기

● 다음의 질문을 읽고 질문에 답해 보십시오.

Track 24

백남준은 한국의 대표적인 예술가로 비디오 아트의 창시자로 불립니다. 그는 1959년 〈존 케이지에게 보내는 경의〉라는 곡을 작곡해 사람들 앞에서 공연하기로 하고 사람들을 콘서트홀로 초청했습니다. 그런데 그는 그의 공연을 보기 위해 모인 수많은 사람들 앞에서 도끼로 피아노를 부수는 장면을 연출했습니다. 이런 것도 예술이라고 할 수 있을까요?

여러분이 생각하는 예술이란 무엇입니까? 자신이 생각하는 좋은 예술 작품이 갖추어야 할 조건 두 가지와 그 근거를 이야기해 보십시오.

쓰기

● 다음을 참고하여 600-700자로 글을 쓰십시오. 단, 문제를 그대로 옮겨 쓰지 마십시오.

　　예술은 우리 삶에 아름다움과 의미를 더해 주고, 우리가 감정을 표현하고 공감하며, 세상을 이해하는 데 도움을 준다. 또한, 예술은 사람들의 상상력과 창의성을 키우고 비판적 사고 능력을 향상시키며 상황을 보는 새로운 관점을 제시한다. 이처럼 예술은 개인과 사회 모두에게 필수적인 요소이지만 많은 사람들이 바쁜 일상생활 탓에 예술의 중요성을 잊고 지내고 있다.

· 사람들의 삶에 예술이 필요한 이유는 무엇인가?

· 현대인들이 미술 작품이나 연극 같은 순수 예술 분야에 관심이 없는 이유는 무엇인가?

· 사람들이 예술을 가까이서 보고 즐기게 하기 위해서는 어떤 방안이 필요한가?

CHAPTER

11

여행하는 삶

11-1 삶과 여행

- 여러분은 '디지털 노마드(Digital nomad)'나 '여행 크리에이터'에 대해 알고 있습니까?

- 지금까지 여러분이 했던 여행의 목적은 주로 어떤 것이었습니까?

문법 1

V-(으)ㄴ 바 있다/없다

이 여행가는 한국에서 유명하신 분이죠?

그럼요. 여행 관련 프로그램에 오랫동안 출연한 데다가 여행 작가로서 큰 상도 받은 바 있습니다.

앞의 행위를 한 사실이나 그러한 내용 자체의 유무를 나타낼 때 사용한다. 또한 이때의 행위는 구체적인 모습이나 동작으로 나타나지 않는 추상적인 사실일 때가 많다.

이 여행가는 　큰 상을 받은 바 있다.

↓

그러한 사실의 유무에 대한 진술

- 이 여행지에 대해서는 아직 사람들에게 **알려진 바가 없다.**
- 그 선수는 이미 규모가 큰 대회에 여러 차례 **출전한 바 있다.**
- 그는 사회적 메시지가 강한 작품들을 통해 역량을 **인정받은 바가 있습니다.**
- 우리는 과거에도 여름철 전력 공급 문제로 어려움을 **겪은 바 있다.**
- 정부의 이번 발표에 대한 예술 단체들의 입장에 대해서는 **들은 바가 없습니다.**

행위의 결과가 지속성을 가지는 일부 동사(말하다, 생각하다, 원하다, 알다 등)의 경우 'V-는 바 있다/없다'의 형태로 쓰이기도 한다.

- 저는 따로 **생각하는 바가 있어서** 그 일에는 참여할 수 없습니다.
- 학교 선생님들도 그 학생에 대해서는 별로 **아는 바가 없다고** 하시네요.

출전하다 | 역량 | 여름철 | 전력

1 한국 여행 상품 개발과 관련해 알맞은 말끼리 연결하고 의견을 말해 보십시오.

보기 문화 체험 •   • 시장을 방문하다   •   • 새로운 음식을 제공하다

(1) 점심 메뉴 •   • 한복이 한때 유행하다   •   • 방송국에서 진행하다

(2) 숙박 시설 •   • 일반 호텔을 이용하다   •   • 한옥 호텔로 정하다

(3) 현장 견학 •   • 한식이 많이 알려지다   •   • 한국 교복 체험을 넣다

보기 문화 체험으로 한때 **유행한 바 있는** 한복 대신 한국 교복 체험을 넣는 게 어떨까 싶습니다.

(1) 점심 메뉴는 이미 _____

(2) 숙박 시설은 여러 차례 _____

(3) 현장 견학도 이전에 _____

2 다음은 어느 대학 졸업생 대표의 연설 중 일부입니다. 다음의 어휘를 사용하여 연설문을 완성해 보십시오.

겪다	경험하다	좌절되다

보기 아마 여러분들 중 대다수는 시각 장애가 있는 제가 지금까지 살아오면서 겪은 것과 같은 그러한 어려움은 **경험한 바 없을 것입니다.**

(1) 저는 과거 세 번이나 _____. 그리고 바로 제가 가진 장애가 그렇게 대학 진학에 실패하게 만든 원인이라고 생각하며 괴로워했습니다.

(2) 그때 형의 권유로 함께 갔던 제주도 여행을 통해 저는 다시 도전할 용기를 얻게 되었습니다. 어쩌면 여러분도 이미 _____. 그런데 만약 인생의 변화를 원한다면 그것을 수용하고 앞으로 나아가라고 말씀드리고 싶습니다.

견학 | 교복 | 어쩌면 | 수용하다

문법 2

V-지 않을 수 없다

'산 정상 부근 사진 촬영 금지'라는 표지판이 설치되어 있던데요.

네, 최근 그곳에서 사진을 찍다가 추락하는 사고가 자주 발생해 그런 표지판을 설치하지 않을 수 없었습니다.

화자가 자신의 의견이나 감정을 강조하며 이것이 당위적인 것임을 간접적으로 표현할 때 사용한다. 즉 어떤 상황으로 인해 그 행위를 꼭 해야 한다거나 또는 어쩔 수 없이 그러한 상태가 될 수밖에 없다는 의미를 나타낸다.

최근 추락 사고가 자주 발생해	표지판을 **설치하지 않을 수 없다.**
↓	↓
행위의 이유, 근거가 되는 상황	**그 상황에서 어쩔 수 없이 꼭 해야 하는 일**

- 공항을 경유하면서 짐을 모두 분실하는 바람에 여행을 **포기하지 않을 수 없었다.**
- 저 그림을 완성하기까지 8년이라는 시간이 걸렸다니 **놀라지 않을 수 없습니다.**
- 매일같이 서로 몸을 부딪히면서 함께 운동을 하다 보면 **친해지지 않을 수가 없다.**
- 그 사람의 알리바이가 너무 확실해서 무죄라는 말을 **믿지 않을 수 없었어요.**
- 과장님 형편이 그렇게 어렵다면 직장 동료로서 **돕지 않을 수가 없죠.**

🔍 'V-지 않을 수 없다'는 '-지 않다'의 자리에 동일한 의미의 '안' 부정형을 사용해서, '안 V-(으)ㄹ 수 없다'의 형태로도 말할 수 있다.

- 물가는 계속 오르는데 부양가족은 늘어나서 투잡을 **생각 안 할 수 없다.**
- 여느 때라면 그런 선물은 거절했을 테지만 몇 번이나 보내셔서 **안 받을 수가 없었다.**

부근 ┃ 표지판 ┃ 추락하다 ┃ 경유하다 ┃ 알리바이 ┃ 무죄 ┃ 투잡

1 다음의 상황에서 꼭 해야 하는 행동이나 어쩔 수 없이 발생한 일은 무엇입니까?

보기	갑자기 수술을 받게 되다	아쉽지만 포기하다
(1)	예상보다 자금이 많이 들어가다	계획을 미루다
(2)	회사의 미래를 생각하다	
(3)		우리 팀의 패배를 깨끗하게 인정하다

보기 가 3년 전에 유학을 준비하다가 포기했다면서요?

나 네, 그때 갑자기 큰 수술을 받게 돼서 아쉽지만 **포기하지 않을 수 없었어요.**

(1) 가 수지는 작년부터 카페를 낸다고 하더니 아직 소식이 없네.

나 응, 내가 물어봤는데 _____

(2) 가 경기 불황이 장기화되면서 신입 사원 모집 공고가 예전보다 많이 줄었는데요.

나 네, 하지만 _____

(3) 가 주장으로서 오늘 경기 결과에 대해 어떻게 생각하십니까?

나 상대팀이 _____

2 다음 보기 와 같이 앞에 주어진 상황에서 어쩔 수 없이 하게 된 일이나 행동에 대해 말해 보십시오.

보기

→ 출근길에 사고로 꼼짝할 수가 없어서 갓길에 차를 두고 가지 않을 수 없었다.

(1)  → 여행하면서

(2)  → 회의 중

패배 ｜ 장기화 ｜ 꼼짝하다 ｜ 갓길

듣기 어휘

1 여행과 일상

한달살이	일터	전업	복귀	여행담	전환점

(1) (   ) : 직업을 바꿈.

(2) (   ) : 사람들이 일정한 직업을 가지고 일하는 곳

(3) (   ) : 원래의 자리나 상태로 되돌아감.

(4) (   ) : 여행하는 중에 보고 듣고 느낀 일에 대한 이야기

(5) (   ) : 한 달 동안 그 지역에 머물면서 현지인처럼 생활해 보는 체험

(6) (   ) : 다른 방향이나 상태로 바뀌는 계기

2 여정과 견문

따분하다	반기다	예견되다	돌이키다
귀국하다	간직하다	절실하다	마주하다

(1) 지금까지 살아온 인생을 (   ) 보면 그렇게 큰 어려움은 없었던 것 같다.

(2) 외국어 공부가 왜 필요한지 이번 해외여행을 통해서 (   ) 느꼈다.

(3) 영화가 얼마나 (   ) 중간에 자리에서 일어나 극장을 나오고 말았다.

(4) 1,000년이 넘는 역사를 그대로 (   ) 이 마을은 과거로의 시간 여행이 가능한 곳이다.

(5) 일에 대한 가치관의 변화와 함께 디지털 노마드의 등장은 이미 (   ) 일이었다.

(6) 여기서부터 산길을 따라 1시간쯤 걸어 들어가면 눈앞에 대자연을 (   ) 된다.

3 여행의 계기

나서다	여행이 길었던 탓인지 미국에서 돌아와 복직한 뒤에 한동안은 마음이 좀
떠오르다	(1) ( )도 했지만 또 한편 제가 있어야 할 자리로 돌아온 것
싱숭생숭하다	같아서 다시 일에 (2) ( ) 노력했습니다. 그런데 그때 제가 진
전념하다	행하던 어떤 프로그램에 산티아고의 순례길을 걷고 온 여행자 한 분이
출연하다	(3) ( ) 그분의 여행담을 듣다 보니 미국 여행이 끝날 때쯤 했던
	그 생각이 다시 (4) ( ). 그 후에 결국은 방송국을 그만두고 순
	례길에 (5) ( ).

듣기 1

다음은 여행 박람회에 참가한 여행사들의 상품 안내입니다. 잘 듣고 **가**~**다**의 박람회 참가자들은 각각 어느 여행 상품에 대해 알아봐야 할지 알맞은 것끼리 연결하십시오.

Track 25

(1) •

가 "저는 여행하는 일 자체를 제 직업으로 삼고 싶습니다. 또 요즘은 그렇게 자신의 여행 과정을 공유하는 것만으로도 수익을 창출하는 사람들이 많이 생겨나고 있고요."

(2) •

나 "10년 넘게 같은 직장, 같은 일, 같은 사람들 속에서 매일같이 부딪히면서 좀 지친 것 같아요. 그래서 휴직을 신청했는데 한 달 정도는 어디에 가서 걸으면서 생각을 좀 비워 내고 싶어요."

(3) •

다 "저는 제품 디자이너예요. 자연환경 등에서 영감을 얻기 위해 많이 돌아다니는 편이죠. 회사에는 마감 시간에 맞춰 디자인만 제출하면 되니까, 장소에 구애 받지 않고 좀 더 자유롭게 일하려고 해요."

듣기 2

여러분은 어떤 여행을 해 봤습니까? 여행이 여러분에게 주는 의미는 어떤 것입니까? 다음 인터뷰를 듣고 이야기해 보십시오.

Track 26

 →  →  →

박람회 │ 창출하다 │ 비우다 │ 마감 │ 내음 │ 노하우 │ 순례길

1 다음은 책에 쓰여 있는 작가 소개글입니다. 빈칸에 적절한 말을 써서 글을 완성해 보십시오.

전 방송국 아나운서, (1) (   ), (2) (   ) 등 많은 이름을 가지고 있는 박민영. 그중 박민영이 가장 불리고 싶어 하는 이름은 '여행가'이다. 4년 전 잘 나가던 아나운서가 (3) (   ) 때 주변에서는 대부분 그 이유를 궁금해했다.

『삶을 여행하다』는 그런 질문과 시선들에 대한 박민영 작가의 대답이 담겨 있는 책이다. 새로운 세상으로 나아가 (4) (   ) 싶었다고. 그리고 작가는 그렇게 선택한 길에서 지금 (5) (   ) 있다.

2 작가가 쓴 『낯선 길, 새로운 나』라는 책은 어떤 책인지 설명해 보십시오.

3 다음은 작가가 순례길에 나서게 된 계기에 대해 말한 내용의 일부입니다. 밑줄 친 부분이 의미하는 것은 어떤 것인지 말해 보십시오.

"제가 진행하던 어떤 프로그램에 산티아고의 순례길을 걷고 온 여행자 한 분이 출연을 하셨는데 그분의 여행담을 듣다 보니 미국 여행이 끝날 때쯤 했던 <u>그 생각</u>이 다시 떠오르더라고요."

○ 요즘은 다양한 형태의 매체에서 여행을 주제로 하는 콘텐츠들을 많이 볼 수 있습니다. 여러분의 나라에서는 어떤 여행 콘텐츠가 인기를 얻고 있습니까? 다음과 같이 내용을 정리해 보고 소개해 보십시오.

(1) 프로그램의 제목	대한민국, 어디까지 가 봤니?	
(2) 주요 내용	내외국인 여행자들을 위해 다양한 주제로 진행되는 한국 여행을 소개하는 콘텐츠	
(3) 출연자 구성	여행 크리에이터, 배우, 코미디언	
(4) 인기 요인	한국의 숨겨진 여행지까지 구석구석 소개하고 보여 줌	

발간하다 | 무작정 | 복직하다 | 나름

11-2 지속 가능한 여행

- 여러분의 나라를 찾는 관광객들은 어떤 곳을 많이 방문합니까? 또 거기에서 보통 어떤 경험을 하기를 원합니까?

- 여러분 나라의 유명 관광지에서 발생하는 문제에는 어떤 것이 있습니까?

문법 1

N(이)라야

이번에는 미식 여행이니까 현지인 가이드를 알아보는 게 좋겠죠?

그럼요. 현지인이라야 그곳의 숨은 맛집이며 골목 안 카페까지 다 소개할 수 있을 테니까요.

어떤 것을 가리켜 말하면서 꼭 그것일 때에만 뒤에 오는 행위나 상태가 실현될 수 있음을 나타낸다. 즉, 앞에 오는 명사가 어떤 상황이 발생하는 데 필수적인 조건이 됨을 의미할 때 사용한다.

현지인이라야	숨은 맛집까지 소개할 수 있다.
↓	↓
필수적인 조건	앞의 조건으로 인해 실현 가능한 사실

- 관광 산업 분야의 **경력자라야** 그 회사에 지원할 수 있습니다.
- 주변 건축물과 비슷한 **높이라야** 조화를 이룰 수 있지 않을까요?
- 굽이 낮은 **구두라야** 오랜 시간 신고 일하기가 편하다.
- 탄수화물과 지방의 함량이 적은 **식품이라야** 다이어트에 도움이 된다.

🔍 앞에 오는 명사가 시간이나 장소를 가리키는 경우 '에라야', '에서라야'의 형태로 사용할 수 있다.

- 적어도 한 시간이 지난 **뒤에라야** 검사 결과를 알 수 있다.
- 나는 비록 좁고 낡은 공간일지라도 **내 방에서라야** 평안함을 느끼게 된다.

미식 | 가이드 | 경력자 | 함량

1 다음의 결과들을 얻기 위해서는 어떤 조건이 필요할까요?

	필요한 조건	원하는 결과
보기	바퀴가 튼튼한 가방	무거운 짐을 넣고 다녀도 문제가 없다
(1)	직계 가족	병실 면회가 가능하다
(2)	봉사 활동 경험이 있는 사람	
(3)		이 미술관에 전시될 수 있다

보기 손님　해외여행을 가려는데 짐이 좀 많아서요. 어떤 가방이 좋을까요?

매장 직원　이건 어떠신가요? 이렇게 바퀴가 <u>튼튼한 짐 **가방이라야**</u> 많은 짐을 넣고 끌고 <u>다녀도 문제가 없을 거예요.</u>

(1) 방문객　병실에 들어가서 환자를 만나 본다든가 할 수는 없나요?

　　병원 직원　죄송합니다. 지금은 ＿＿＿＿＿＿＿＿＿＿＿＿＿＿＿＿＿＿＿＿＿＿

(2) 학생　선생님, 제가 다음 학기에 학생회장 선거에 도전해 보려고 하는데요.

　　선생님　그럼 봉사 점수가 필요해. ＿＿＿＿＿＿＿＿＿＿＿＿＿＿＿＿＿＿＿

(3) 관람객　여기에 있는 그림들은 여러 나라의 대표적인 작품들 같은데요.

　　해설사　네, 그렇습니다. ＿＿＿＿＿＿＿＿＿＿＿＿＿＿＿＿＿＿＿＿＿＿＿

2 다음의 주제들과 관련하여 여러분이 원하는 관광의 조건에 대해 말해 보십시오.

보기	식당	**노포라야** 그 도시의 전통적인 맛과 문화까지 제대로 보여 줄 수 있다.
(1)	숙소	
(2)	쇼핑	
(3)	?	

바퀴 ｜ 직계 ｜ 병실 ｜ 면회 ｜ 공통점 ｜ 노포

문법 2

주민들이 주기적으로 해변을 청소하는데도 저렇게 쓰레기가 쌓여 있네요.

관광객들이 계속 쓰레기를 버리고 가는데 애써서 청소를 한들 무슨 소용이 있겠어요?

어떤 상황이나 조건을 가정하여 그것을 인정한다고 해도 그 결과로서 기대되는 내용이 부정되거나, 결과가 예상과는 다르게 나타날 것임을 표현할 때 사용한다.

청소를 한들	무슨 소용이 있겠어요?
↓	↓
가정의 상황이나 조건	기대나 예상과는 다른 결과

- 지식이 아무리 **많은들** 그것을 나쁜 일에 사용한다면 아무 소용없죠.
- 집이 **큰들** 함께 할 가족이 없는데 무슨 의미가 있겠어?
- 보육 시설이 확충되지 않는다면 출산에 대한 지원이 **늘어난들** 아이를 낳기는 힘들 것이다.
- 마지못해 주는 선물일 텐데 그걸 **받은들** 기쁠 리가 없겠죠.
- 아무리 돈이 많은 **부자인들** 사람들의 마음까지 살 수 있겠어요?
- 마음을 편안하게 먹지 않으면 좋은 **약인들** 별로 도움이 안 될 거예요.

후행절이 과거 시제인 경우 상대적으로 더 과거가 되는 선행절에는 'A/V-았/었던들'을 사용할 수 있다.

- 아무리 **조심했던들** 이번 사고를 막을 수 있었을까요?
- 우리가 서로를 좀 더 일찍 **알았던들** 결혼까지 가기는 힘들었을 거예요.

주기적 │ 해변 │ 애쓰다 │ 보육 │ 확충되다 │ 마지못하다

1 여러분은 다음과 같은 상황에 처한 사람에게 어떤 조언을 하겠습니까?

보기	(1)	(2)	(3)
"고3인 아이 때문에 나까지 수험생이 된 것 같아요."	"일이 너무 많아서 여름 휴가도 못 갈 것 같아요."	"이 정도 선물이면 제 마음을 좀 알아주겠죠?"	"약속 시간에 몇 번 늦었더니 친구가 화가 많이 났는지 전화도 안 받네요."
수험생 생활은 일 년을 넘기지 않을 것이다	열심히 일하는 것을 알아줄 사람이 없다	마음이 없으면 비싼 보석도 받지 않을 것이다	몇 번이나 늦었다면 전화도 받기 싫을 것이다

보기 조금만 참으세요. 수험생 생활이 아무리 **긴들** 일 년을 넘기겠어요?

(1) 적당히 요령껏 하세요. 그렇게 ＿＿＿＿＿＿＿＿＿＿＿＿＿＿＿＿＿＿＿＿＿＿

(2) 그냥 포기하세요. 마음이 없는데 ＿＿＿＿＿＿＿＿＿＿＿＿＿＿＿＿＿＿＿

(3) 그렇게 자주 늦는데 ＿＿＿＿＿＿＿＿＿＿＿＿＿＿＿＿＿＿＿＿＿＿＿＿

2 여러분은 다음과 같은 명언들을 들어 본 적이 있습니까? 다음의 명언들을 보기 와 같이 바꿔서 말해 보십시오.

보기 스티브 잡스 : 멈추지 말고 다음 일을 생각해라. (목표를 이루다)

→ 한 가지 목표를 **이룬들** 다음 목표를 세우지 않으면 의미가 없다.

(1) 록펠러 : 저는 모든 권리가 책임을 수반한다고 믿습니다. (권리가 있다)

→

(2) 에디슨 : 아무리 좋은 생각이라도 실행되어야 가치가 있다. (좋은 생각이 많다)

→

보석 | 요령껏 | 수반하다 | 실행되다

읽기 어휘

1 공정 여행의 요소

현지인	재사용	정화	협력	공정	문명

(1) (　　　　　　　) : 불순하고 더러운 것을 깨끗하게 함.

(2) (　　　　　　　) : 힘을 합하여 서로 도움.

(3) (　　　　　　　) : 인류가 이룩한 물질적, 기술적, 사회 구조적인 발전

(4) (　　　　　　　) : 어떠한 것이 그 대상 모두에게 공평하고 올바름.

(5) (　　　　　　　) : 그 지역에 생활의 기반을 두고 사는 사람

(6) (　　　　　　　) : 이미 사용했던 물건을 다시 씀.

2 여행과 삶

지정되다	존중하다	치우다	앞장서다	처리하다
환원되다	동참하다	채우다	초래하다	파괴하다

(1) 직원 한 사람의 단순한 실수가 회사에 큰 손실을 (앞장서고 / 초래하고) 말았다.

(2) 그 여행 상품은 패키지 여행이라서 (지정된 / 환원된) 장소에서 함께 출발하면 된다.

(3) 작년 여름 휴가철에도 관광객들이 해안가에 버리고 간 쓰레기를 (치우는 / 채우는) 데 한 달이 넘게 걸렸다고 한다.

(4) 지구 온난화를 막기 위해서는 환경 정책에 많은 국가가 (존중하는 / 동참하는) 것이 필요하다.

(5) 이런 사건은 정말 신중하게 (처리하지 / 파괴하지) 않으면 이차적인 피해가 발생할 수도 있다.

3 공정 여행의 실천

우호적
염두에 두다
일정하다
전환하다
침해하다

여행을 하는 동안 여러 곳을 옮겨 다니며 즐기기보다는 가능하면 한두 곳에 (1) (　　　　　　　) 머무는 것이 좋습니다. 그러면서 현지 사정이나 문화 등을 깊게 알아 가고 또 현지인과 (2) (　　　　　　　) 관계를 형성하는 방식으로 새롭게 (3) (　　　　　　　) 가는 것이 필요합니다. 더불어 숙박 시설을 이용한다든가 체험 활동을 한다든가 할 때 여행에 대한 자신의 욕구를 채우기 위해 지역민의 삶을 (4) (　　　　　　　) 일이 없도록 하는 것도 (5) (　　　　　　　) 실천해야 될 것들 중 하나입니다.

읽기 1

다음은 여행 관련 도서의 목차입니다. 다음 목차를 보고 ①~③번 각각의 빈칸에 어떤 말이 들어가야 할지 말해 보십시오.

목차

서문 '   ①   ' 여행을 시작한 독자들에게

1장 우리가 하고 있는 여행의 불편한 진실 세 가지
- 여행자 중 80%가 매일 한 번 이상 일회용품을 사용한다.
- 여행자 중 60%가 지정된 장소가 아닌 곳에 쓰레기를 버린 적이 있다.
- 여행자 중 20%만이 현지인이 생산한 제품을 구매한 바 있다.

2장 우리의 여행이 세상을   ②   방법 세 가지
- 플라스틱을 줄이는 데 도움이 되도록 재사용 가능한 용기를 사용하자.
- 지역 해변 정화 또는 산책로 유지 관리 프로젝트에 동참하도록 하자.
-                      ③

읽기 2

다음은 여행 잡지에 실린 대담의 일부입니다. 우리가 어떤 여행을 해야 하는지에 대한 다음 대담문을 읽고 질문에 대답해 보십시오.

지구를 생각하는 여행

(가)

진행자 우리는 어떤 여행을 해야 할 것인가에 대해 두 분과 이야기를 나눠 보겠습니다. 먼저 이용준 대표님부터 소개 부탁드립니다.

이용준 안녕하세요. 저는 전주에서 쓰레기 없는 숙소를 목표로 작은 한옥 숙소를 운영하고 있는 이용준입니다. 이전에는 그저 하루 하루 바쁘게만 살다 보니 사회 문제는 고사하고 소소한 지역 문제에도 큰 관심을 갖지 못했습니다. 그런데 여행 숙소를 운영하게 되면서 쓰레기 문제의 심각성을

▶ 내용 확인

1. 중심 내용
(가)
- 여행 숙소를 운영하게 되면서 쓰레기와 환경 문제에 대한 관심이 높아졌다.

느끼고 쓰레기를 줄이는 일을 포함해 다른 주민들과 협력해 지역의 다양한 환경 보호 활동에도 참여하고 있습니다.

진행자 네, 저도 대표님이 운영하시는 숙소에서 묵었던 적이 있는데요. 쓰레기를 줄일 수 있는 방법에 대해 잘 모르는 사람들도 다양한 실천법을 자연스럽게 접할 수 있어서 참 좋았습니다. 처음에는 일반 숙소로 운영하셨던 걸로 아는데, 쓰레기 없는 숙소로 변화하게 된 계기와 과정이 궁금합니다.

이용준 숙소 운영을 시작하면서 쓰레기가 너무 많이 나와 고민이 많았습니다. 매일같이 빈 술병이나 플라스틱부터 해서 일반 쓰레기까지 100ℓ씩 쓰레기가 나오는데 부지런히 처리를 한들 제대로 치워질 리가 없죠. 또 하나하나 분리수거를 하면서 왜이렇게까지 일회용품을 많이 써야 하는지 의문이 들 정도였습니다. 그래서 일단 저부터 장을 볼 때 장바구니를 들고 다닌다든가 음식을 용기에 담아 온다든가 하면서 작으나마 변화를 위한 노력을 시작했습니다. 또한 숙소의 주방과 욕실 등에서도 플라스틱을 없애고 싶어서 손님들에게 고체로 된 세제와 비누를 잘라서 제공하기 시작했어요. 특히 쓰레기가 많이 나오는 바비큐도 하지 못하도록 했고요. 그렇게 해서 쓰레기 없는 숙소로 자리를 잡게 된 것 같습니다.

(나)

진행자 오늘 또 다른 이야기 손님은 공정 여행이라는 개념을 만들고 확산에 앞장서 온 국제 활동가 정선영 선생님입니다. 선생님, 공정 여행이란 현지의 문화를 존중하며 자연을 해치지 않고 여행자의 경비가 지역 사회에 환원되도록 하는 여행이라고 들은 바 있는데요. 그럼 공정 여행을 위해 여행자들이 할 수 있는 일에는 어떤 것들이 있을까요?

정선영 네, 아시다시피 기존 여행들이 즐기는 것에 초점을 맞춰 왔기에 그로 인해 환경 오염과 문명 파괴, 자원 낭비 등의 문제를 초래하게 되었습니다. 이러한 문제에 대해 반성하고 현지에 도움을 주자는 취지를 바탕으로 2000년대 들어 유럽에서 시작된 것이 바로 '공정 여행'이고요. 그러한 여행을 하기 위해서는 무엇보다 여행지와 그곳 주민들의 삶을 이해하려는 노력이 필요하다고 생각합니다. 일정한 여행 기간 동안 여러 곳을 옮겨다니며 즐기기보다는 가능하면 한두 곳에 머물면서 현지 사정이나 문화 등을 깊게 알아가고 또 현지인과 우호적인 관계를 형성하는 방식으로 전환해 가는 것이죠. 더불어 숙박 시설을 이용한다든가 체험 활동을 한다든가 할 때 여행에 대한 자신의 욕구를 채우기 위해 지역민의 삶을 침해하는 일이 없도록하는 것도 염두에 두고 실천해야 될 것들 중 하나입니다. 그런 여행이라야 곧 나의 삶도 바꾸고 타인의 (   ).

• 장바구니나 용기의 사용, 고체 세제와 비누의 제공 등 일상의 작은 실천을 통해
_____
_____

(나)
• 공정 여행이란 현지의 환경과 문화를 존중하면서 여행자의
_____
_____

• 공정 여행을 위해서는 여행지와 주민들의 삶에 대한 이해가 필요하다.

▶ **표현 확인**

이러한 문제에 대해 반성하고 현지에 도움을 주자는 **취지를 바탕으로** 2000년대 들어 유럽에서 시작된 것이 바로 '공정 여행'이고요.

N을/를 바탕으로 (하다)
: 앞의 것을 기본이나 근본으로 해서 어떤 행위가 이루어지다

예 그 영화는 **실화를 바탕으로** 만든 것이다.

일단 │ 장바구니 │ 고체 │ 바비큐 │ 기존 │ 취지 │ 타인

 다음 질문을 읽고 대답해 보십시오.

(1) 이용준 대표는 어떠한 계기로 쓰레기와 환경 문제에 대해 관심을 가지게 되었습니까?

(2) 이용준 대표는 쓰레기를 줄이기 위해 어떤 노력을 했습니까?

　　• 장을 볼 때 : _____

　　• 손님들에게 비누를 제공할 때 : _____

(3) 윗글의 (　　　　　　) 안에 적절한 말을 넣어 문장을 완성해 보십시오.

3 다음의 표현을 사용해서 공정 여행을 위해 여행자들이 실천할 수 있는 일에는 어떤 것들이 있는지 말해 보십시오.

N을/를 바탕으로 (하다)

○ 여러분은 여행 관련 책을 읽어 본 적이 있습니까? 만약 여러분이 다음과 같은 주제로 여행에 관한 책을 쓰게 된다면 그 책의 목차는 어떻게 구성하고 싶습니까? 다음 주제 중 하나를 골라 목차의 일부를 작성해 보십시오.

주제 : 현지인처럼 한 달 살기

목차

1장　현지인의 시점으로 보기

　　• 모든 즐길 거리는 마을 바닷가에서 찾을 수 있다.

　　　　　⋮

2장　현지인의 마음으로 생각하기

　　　　　⋮

3장

어휘 늘리기

여러분은 우리의 '낯'에 대해
생각해 본 적이 있나요?

1 어떤 경우에 다음의 말들을 사용할 수 있는지 말해 보십시오.

낯부끄럽다	낯간지럽다	낯(이) 뜨겁다	낯을 (못) 들다
낯(이) 설다	낯(이) 익다	낯(이) 두껍다	낯을 가리다

2 다음 사람들은 각자의 상황에서는 어떤 기분이나 생각이 들었을까요?

처음 한국 친구 집에 왔을 때
신발을 벗고 들어가야 하는 게
낯설었어요.

 낯 : 눈, 코, 입 등이 있는 얼굴의 바닥, 남을 대할 만한 체면

속담

· **금강산 (구경)도 식후경**
아무리 재미있는 일이라도 배가 부르고 난 뒤에야 흥이 난다는 것을 비유적으로 이르는 말

· **백문이 불여일견**
듣기만 하는 것보다는 직접 보는 것이 확실하다는 말

문법과 표현

· 우리는 과거에도 여름철 전력 공급 문제로 어려움을 겪은 바 있다.
· 저 그림을 완성하기까지 8년이라는 시간이 걸렸다니 놀라지 않을 수 없다.
· 관광 산업 분야의 경력자라야 그 회사에 지원할 수 있다.
· 지식이 아무리 많은들 그것을 나쁜 일에 사용한다면 아무 소용 없다.

◎ 주어진 단어를 활용하여 빈칸에 다양한 말을 넣어 보십시오.

신경 쓰다

최근 두 번이나 수술을 받았기 때문에 건강에 (   )

(1) 빈칸에는 어떤 표현들을 사용해 볼 수 있을까요?

보기 신경 써야 된다 …

_____

(2) 위의 표현 중에 가장 적절하다고 생각되는 표현은 무엇입니까? 자신이 그 표현을 선택한 이유를
이야기해 보십시오.

실전 연습

※ [1–2] (   )에 들어갈 말로 가장 알맞은 것을 고르십시오.

1. (   )

    신호등이 (   ) 횡단보도를 건널 수 있다.

    ① 초록불이나마   ② 초록불이라도
    ③ 초록불이라야   ④ 초록불이길래

2. (   )

    최고의 인기를 누리고 있는 그 배우가 은퇴를 한다니 깜짝 (   ).

    ① 놀랐을까 싶다   ② 놀라기 일쑤였다
    ③ 놀랐을 리가 없다   ④ 놀라지 않을 수 없었다

● 밑줄 친 부분과 바꿔 쓸 수 있는 표현들을 적어 보십시오.

> 돈을 많이 **번들** 그렇게 낭비를 하면 무슨 소용이 있겠어요?

(1) 밑줄 친 표현은 어떤 표현으로 바꿔 볼 수 있을까요?

  [보기] 벌어도 … _____

(2) 자신이 적은 표현과 제시된 표현 사이에는 어떤 차이가 있습니까? 두 표현을 비교해서 설명해 보십시오.

실전 연습

※ [3–4] 밑줄 친 부분과 의미가 가장 비슷한 것을 고르십시오.

3. (   )

  그 선수는 이미 여러 차례 세계 대회에 출전한 바 있다.

  ① 출전한 듯하다   ② 출전한 적이 있다
  ③ 출전했을지도 모른다   ④ 출전했음에 틀림없다

4. (   )

  운동을 열심히 한들 식사량을 조절하지 않으면 살을 빼기 힘들다.

  ① 해 봤자   ② 하는 한
  ③ 하는 대신에   ④ 하지 않고서는

비교해 봅시다

'–(으)ㄴ 배(가) 있다/없다' vs '–(으)ㄴ 적(이) 있다/없다'
'–(으)ㄴ 배(가) 있다/없다'는 그러한 사실 또는 그 존재 자체의 유무를 나타내는 말로서 격식적인 발화 상황에서 많이 사용된다. 한편 '–(으)ㄴ 적(이) 있다/없다'는 그러한 경험 또는 그러한 때가 있고 없음에 초점을 두고 말할 때 주로 사용된다.

• 저는 과장님과 신제품에 대한 이야기를 나눈 **바가 없습니다**.
• 3년 전 가족들과 한국에 가서 여기저기 돌아본 **적이 있습니다**.

읽기

1 다음 신문 기사의 제목을 가장 잘 설명한 것을 고르십시오. (   )

> ## "내 집에서 나가줘" … 관광객의 습격
> ## '과잉 관광' 해결책 없나

① 주거 지역을 관광지로 개발하기 위해서는 주민들의 협력이 필요하다.

② 지역 주민들과의 교류 프로그램이 관광객들에게 좋은 반응을 얻고 있다.

③ 관광 지역에 살고 있는 주민들의 불편을 해소하기 위한 대책이 마련되었다.

④ 주거 지역에 지나치게 많은 관광객들이 방문하면서 주민들이 큰 불편을 겪고 있다.

2 주어진 문장이 들어갈 곳으로 가장 알맞은 것을 고르십시오. (   )

> 요즘은 휴가를 즐기러 가도 가족들이 각자 자신의 휴대 전화에만 빠져 있는 경우가 흔하다.

　　그동안 휴가철이 되면 유명한 관광지를 찾는 가족이 많았다. (㉠) 그러나 이제는 복잡한 관광지보다 한가로운 농촌을 찾아 자연을 느끼고 추억을 쌓는 체험 여행이 주목받고 있다. (㉡) 농촌 체험 여행은 온 가족이 함께할 수 있는 데다 가격도 저렴하다는 점이 인기 요인으로 분석되고 있다. (㉢) 이런 상황에서 농촌 체험 여행은 가족 모두가 함께 즐기며 편안하게 휴가를 보낼 수 있는 새로운 형태의 휴가로 자리를 잡게 될 것이다. (㉣)

① ㉠　　　　　② ㉡　　　　　③ ㉢　　　　　④ ㉣

더 읽어 보기

• 다음의 도시들은 어떤 공통점이 있을까요? 또 어떤 문제를 안고 있을까요?

　　'과잉 관광' 문제는 관광객이 지역 주민들에 대한 존중과 이해 없이 여행에 대한 자신의 만족만을 추구한 결과 발생하는 것입니다. 자신의 일상과 삶을 침해 받고 싶어 하는 사람은 아무도 없습니다. 또한 지역 주민이라고 해서 무조건 관광객에게 자신들의 공간을 제공해야 할 이유도 없습니다. 그렇다면 잠시 머물다 가는 관광객과 오랜 세월 그 지역을 지켜 온 주민들을 함께 생각하는 여행은 어떤 것일까요?

부산 감천 문화 마을

로마 트레비 분수

발리섬 해변

[3-4] 다음을 읽고 물음에 답하십시오.

이전에는 그저 하루하루 바쁘게만 살다 보니 사회 문제는 고사하고 소소한 지역 문제에도 큰 관심을 갖지 못했다. 그런데 여행 숙소를 운영하게 되면서 쓰레기 문제의 심각성을 느끼고 쓰레기를 줄이는 일을 포함해 다른 주민들과 협력해 지역의 다양한 환경 보호 활동에도 참여하고 있다. 숙소 운영을 시작하면서 쓰레기가 너무 많이 나와 고민이 많았다. 매일같이 빈 술병이나 플라스틱부터 해서 일반 쓰레기까지 100ℓ씩 쓰레기가 나오다 보니 부지런히 처리를 한들 제대로 치워질 리가 없었다. 또 하나하나 분리수거를 하면서 <u>왜 이렇게까지 일회용품을 많이 써야 하는지 의문이 들 정도였다.</u> 그러면서 나부터 장을 볼 때 장바구니를 들고 다닌다든가 음식을 용기에 담아 온다든가 하면서 변화를 위한 노력을 시작했다. 또한 숙소의 주방과 욕실 등에서도 플라스틱을 없애고 싶어서 손님들에게 고체로 된 세제와 비누를 잘라서 제공하기 시작했다. 특히 쓰레기가 많이 나오는 바비큐도 하지 못하도록 했다. 그렇게 해서 쓰레기 없는 숙소로 자리를 잡게 된 것 같다.

3 밑줄 친 부분에 나타난 '나'의 심정으로 가장 알맞은 것을 고르십시오. (   )

① 서럽다

② 따분하다

③ 못마땅하다

④ 절망스럽다

4 윗글의 내용과 같은 것을 고르십시오. (   )

① 나는 여행을 하면서 일하고 있다.

② 나는 손님들과 함께 지역의 환경 활동에 참여하고 있다.

③ 내가 사는 지역에서는 매일 100ℓ 정도의 쓰레기가 배출된다.

④ 내가 운영하는 숙소에서는 바비큐로 인한 쓰레기가 나오지 않는다.

듣기

1 다음을 듣고 가장 알맞은 그림을 고르십시오. (　　　)

① 　②

Track 27

③ 　④

2 다음을 듣고 들은 내용과 같은 것을 고르십시오. (　　　)

① 여행자라면 누구나 이 민박을 이용할 수 있다.

② 주인 부부는 자녀들과 함께 민박을 운영하고 있다.

③ 민박에 묵는 동안 여행에 대한 정보를 얻을 수 있다.

④ 민박에서는 외국인들에게 일자리도 소개해 주고 있다.

Track 28

[3-4] 다음을 듣고 물음에 답하십시오.

Track 29

3 여자가 누구인지 고르십시오. (　　　)

① 출판사를 운영하는 사람

② 여행하면서 글을 쓰는 사람

③ 사진 전시회를 기획하는 사람

④ 여행 관련 방송을 진행하는 사람

4 들은 내용과 같은 것을 고르십시오. (　　　)

① 여자는 10년 전에 방송국을 그만두었다.

② 여자는 여행을 하면서 다양한 곳에서 일을 했다.

③ 여자는 다른 직장으로 옮기기 위해 방송국을 그만두었다.

④ 여자는 여행을 하며 지내는 삶이 자신에게 맞는다고 생각한다.

말하기

두 사람이 관광 단지 조성에 대해 이야기하고 있습니다. 여자의 마지막 말을 듣고 남자가 할 말로 반대 의견을 말하십시오.

Track 30

: 하지만 관광 단지 조성으로 새로운 일자리를 창출할 수도 있고 …

쓰기

다음을 참고하여 600-700자로 글을 쓰십시오. 단, 문제를 그대로 옮겨 쓰지 마십시오.

오늘날 우리의 여행은 그 목적과 내용이 매우 다양해졌으며 삶과 일 등에 대한 가치관의 변화와 함께 여행 인구도 매년 급격히 증가해 '과잉 여행', '과잉 관광'의 시대에 직면해 있다. 또한 그에 따른 문제들도 세계 여러 나라와 지역에서 발생하고 있다. 아래의 내용을 중심으로 '여행 과잉 시대의 바람직한 여행'에 대한 자신의 생각을 쓰라.

· 여행 인구가 계속 증가하고 있는 이유는 무엇인가?

· 과잉 여행으로 인해 어떠한 문제가 생겨날 수 있는가?

· 이런 문제들을 해결하기 위해서 어떤 방안이 필요한가?

music

CHAPTER

12

대중문화와 미디어

12-1 미디어 환경의 변화

- 여러분이 새로운 소식을 접하거나 여가 시간을 보낼 때 가장 즐겨 이용하는 매체는 무엇입니까?

- 다른 매체와 비교하여 그 매체가 가지는 특징이 무엇인지 이야기해 보십시오.

문법 1

A-(으)ㄴ 이상, V-는 이상

TV를 보는 사람이 지금처럼 계속 줄어든다면 머지않아 방송국은 다 사라지겠죠?

방송국의 형태는 바뀔 수 있겠지만 사람들이 새로운 정보를 필요로 하는 이상 방송국이 사라지지는 않을 거예요.

선행절의 내용이 후행절의 내용에 대한 전제나 조건이 됨을 나타낸다.

사람들이 새로운 정보를 **필요로 하는 이상**	방송국은 사라지지 않을 것이다.
↓	↓
전제 조건	전제를 가정한 내용

- 몸 상태가 지금처럼 **안 좋은 이상** 다음 경기에는 출전하기 어렵겠다.
- 미디어 환경과 시청자의 요구가 **달라진 이상** 방송도 그에 따라 변화해야 합니다.
- 대한민국 국민으로 **태어난 이상** 납세의 의무를 다해야 한다.
- 대통령은 그 신분이 **공무원인 이상** 정치적 중립의 의무를 지켜야 한다.
- 지금처럼 날씨가 **추운 이상** 야외 촬영은 취소할 수밖에 없겠어요.

🔍 'A-지 않은 이상', 'V-지 않는 이상', 'N이/가 아닌 이상'의 형태로 사용되어 선행절의 조건이 전제되지 않으면 후행절의 일도 불가함을 나타내기도 한다.

- 정말 **급하지 않은 이상** 나한테 전화하지 마.
- 최선을 다해 노력하지 **않는 이상** 원하는 결과를 얻을 수 없다.
- 이곳은 관계자가 **아닌 이상** 들어올 수 없습니다.

방송국 ┃ 납세 ┃ 중립 ┃ 관계자

① 특정한 전제 조건 있다면 꼭 해야 하는 일들에 관해 이야기해 보십시오.

전제 조건	해야 하는 일
보기 가기로 약속하다	무슨 일이 있어도 가다
(1) 일단 시작하다	끝까지 하다
(2)	책임을 다하다
(3) 결심하다	

> 보기 가 비가 너무 많이 오는데 오늘은 봉사활동 모임에 가지 말까?
>
> 나 무슨 소리야. <u>가기로 약속한 이상</u> 무슨 일이 있어도 가야지.

(1) 가 역시 하프 마라톤 도전은 무리였나봐. 10km 뛰는 것도 너무 힘든데 그만 포기할까?

　　나 _____ . 아직 연습 시작한 지 일주일밖에 안 됐잖아.

(2) 가 돈도 벌써 받았는데 마무리 작업은 대충 할까요?

　　나 그게 무슨 소리예요. _____

(3) 가 아빠, 저는 의사가 돼서 불치병이나 난치병에 걸린 사람들을 치료해 주고 싶어요.

　　나 의사가 되는 게 쉽지는 않겠지만 _____

② 다음 그림을 보고 보기 와 같이 부정적인 미래에 대해 경고해 보십시오.

> 보기 화석 연료의 사용을 줄이지 않는 이상 북극의 빙하는 모두 녹아 없어질 거예요.

(1)

(2)

하프 마라톤 ┃ 다하다 ┃ 불치병 ┃ 난치병 ┃ 화석 연료

문법 2

N은/는 말할 것도 없고

요즘은 인공 지능(AI) 기술로 못 하는 게 없다면서요?

맞아요. 사진은 말할 것도 없고 음악이 나오는 영상까지도 뚝딱 하면 만들어 낸대요.

❗ 이미 언급된 것은 당연히 포함되어 있고 이에 추가적인 것까지 포함될 것임을 나타낸다.

사진은 말할 것도 없고	음악이 나오는 영상까지	뚝딱 하면 만들어 낸다.
↓	↓	
당연히 포함되는 것	추가적인 것	

- **가족들은 말할 것도 없고** 친척 어른들까지 내 졸업식에 오기로 했다.
- 무료 콘서트에 다녀왔는데 **객석은 말할 것도 없고** 통로까지 사람이 꽉 차서 너무 위험한 상황이었어요.
- **인터넷에서는 말할 것도 없고** 지상파 방송의 뉴스에서까지 두 배우의 열애 소식을 심도 있게 다루고 있다.
- 새로 뽑은 알바생은 정말 성실해서 **가게에 일찍 나오는 건 말할 것도 없고** 마지막까지 남아서 가게 정리를 다 하고 퇴근하더라고요.

🔍 'N은/는 말할 것도 없이'의 형태로 쓰는 경우 후행절의 내용이 지극히 당연한 일임을 나타내며 선행하는 명사가 생략되기도 한다.

- 가   자녀의 올바른 성장을 위해서는 가장 필요한 것은 무엇일까요?
- 나   **말할 것도 없이** 부모의 관심과 애정이죠.

뚝딱 | 객석 | 통로 | 지상파 | 심도

1 다음 일을 하기 위해 필요한 여러 조건에 대해서 이야기해 보십시오.

	하고 싶은 일	당연히 포함되는 것	추가적인 것
보기	국제기구에서 일하기	영어	다른 외국어 한두 가지는 할 수 있어야 하다
(1)	대학원 입학	대학교 때 성적	
(2)	신제품 홍보		SNS에도 홍보 영상을 올리다
(3)		한국어가 능숙해야 함	

보기 가 UN 같은 국제기구에서 일하려면 영어를 잘해야겠지?

나 그럼, **영어는 말할 것도 없고** 다른 외국어도 한두 가지 정도는 할 수 있어야 할걸?

(1) 가 대학원에 입학하려면 대학교 때 성적이 중요하겠죠?

　　나 _____

(2) 가 이번에 새로 나온 제품을 홍보하려는데 _____?

　　나 _____ SNS에도 홍보 영상을 올려야 해요.

(3) 가 _____ 한국어가 능숙해야겠죠?

　　나 그럼요. _____

2 다음 그림을 보고 미래 사회의 미디어 환경 변화에 대해서 이야기해 보십시오.

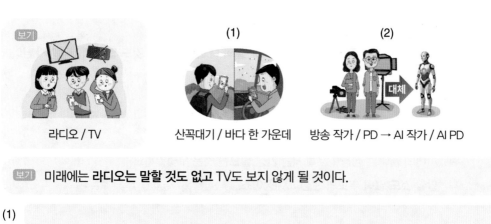

보기: 라디오 / TV

(1) 산꼭대기 / 바다 한 가운데

(2) 방송 작가 / PD → AI 작가 / AI PD

대체

보기 미래에는 **라디오는 말할 것도 없고** TV도 보지 않게 될 것이다.

(1) _____

(2) _____

국제기구 | 방송 작가 | 대체

듣기 어휘

1 영화 제작과 감상

텍스트	시나리오	흐름	저작권	소감

(1) ( ) : 영화를 만들기 위하여 쓴 각본

(2) ( ) : 글자로 구성된 문서, 문서의 내용

(3) ( ) : 어떤 것을 보거나 한 후에 갖게 되는 느낌

(4) ( ) : 어느 한 곳을 향해 흘러가는 현상이나 분위기

(5) ( ) : 창작자가 자신이 창작한 작품에 대해 갖는 권리

2 변화와 규제

뒤엎다	규제하다	예고하다	접목되다
뽑아내다	변화하다	삽입되다	폄하하다

(1) 이번 영화의 도입부에는 인공 지능 프로그램이 작곡한 배경 음악이 ( ).

(2) 사람들의 예상을 ( ) 지난 대회에 예선 탈락했던 팀이 우승을 차지했다.

(3) 오늘 최종회가 방영된 그 드라마의 마지막 장면은 이야기가 시즌1에서는 끝나는 것이 아니라 시즌2
로 이어질 것을 ( ).

(4) 사람이 아닌 AI가 그린 작품이라고 해서 그 가치를 무조건 ( ) 것은 과연 정당한 것인가?

(5) 이번에 새로 문을 연 VR 체험관은 기존의 VR 기술에 3D 입체 음향이라는 신기술이 ( )
더욱 사실감 있게 느껴진다.

(6) 드론을 사용한 촬영으로 인해 주민들의 소음 피해나 사생활 침해 등의 문제가 제기되어 각 지자체는
허가받지 않은 드론의 사용을 ( ).

3 기술의 발전

| 공식 | 무서운 기술 발전 속도가 영화 시장에 (1) ( ) 변화를 예고하고 있
다. 조금씩 영화 제작 현장에 도입되고 있는 생성형 인공 지능(AI)은 생산자가 |
|---|---|
| 생성하다 | (2) ( ) 내용에 따라 기존 콘텐츠들의 패턴을 분석하여 새로운 텍스
트나 이미지, 영상 같은 미디어를 (3) ( ) AI 시스템을 말한다. 이런 |
| 생태계 | 생성형 AI 기술의 발전은 배우가 연기를 하고 그것을 카메라로 찍는다는 영화 |
| 입력하다 | 제작의 기본적인 (4) ( )은/는 말할 것도 없고 수많은 영화 관계자들 |
| 혁명적 | 이 얽혀서 살아가고 있는 영화업계의 (5) ( )마저 뒤바꿀 것이다. |

듣기 1

◉ 다음은 라디오에 관한 두 사람의 대화입니다 다음을 듣고 질문에 답해 보십시오.

Track 31

1 서준은 주말에 무슨 일이 있었습니까?

2 서준과 레나는 라디오에 대한 어떤 추억이 있습니까?

- 서준 : _____

- 레나 : _____

3 여러분은 언제 라디오를 들어 봤습니까? 미래에도 사람들이 라디오를 들을 것이라고 생각하는지
자신의 생각을 이야기해 보십시오.

듣기 2

◉ 다음은 AI가 만들어 낸 이미지들입니다. 여러분이 AI로 영화를 만든다면 어떤 장면을 만들어
보고 싶습니까?

Track 32

핀잔 | 정서 | 정감(이) 어리다

1 뉴스에서 설명하는 영화제에 출품된 작품은 어떤 작품입니까?

 ①    ②    ③

2 '생성형 AI'로 인해 영화계에는 어떤 변화가 생겼습니까?

3 '생성형 AI'의 개념을 정의해 보십시오.

"생성형 AI란 _____."

4 인공 지능 때문에 대해 영화계의 일거리가 줄어들 것이라는 우려에 대해 감독은 뭐라고 반론하였습니까? 잘 듣고 요약해서 적어 보십시오.

- 영화라는 예술 장르는 그 시작부터 혁명적인 _____ 을/를 토대로 시작되었다.

- 신기술이 접목되어 영화 산업의 변화를 가져오는 것은 어찌보면 _____ 일이고 막을 수 없는 _____ .

○ 기술이 빠르게 발전하는 가운데 어떤 방송 매체가 미래에도 끝까지 살아남을까요?

영사기 | 조명 | 토대로

12-2 뉴 미디어 시대의 과제

- 짧은 동영상 콘텐츠를 얼마나 자주 시청하고 있습니까? 시청의 목적은 주로 무엇입니까?

- 일 년에 몇 권 정도 책을 읽습니까? 주로 어떤 방식으로 읽습니까?

문법 1

A-다기보다는, V-ㄴ/는다기보다는

요즘 젊은이들은 공부를 전혀 안 하는지 대화를 하다 보면 아는 게 없어요.

공부를 전혀 안 한다기보다는 관심이 없는 건 알고 싶어하지 않아서 그런 것 같아요.

💡 선행절의 내용보다 후행절의 내용이 상황을 더 적절하게 표현하는 것임을 나타낼 때 사용한다.

공부를 전혀 **안 한다기 보다는**	관심이 없는 건 알고 싶어하지 않는다.
↓	↓
가능한 상황 표현	**보다 적절한 상황 표현**

- 그 사람을 **좋아한다기보다는** 아낀다고 말하는 게 맞을 것 같네요.
- 딱히 맛이 **없다기보다는** 뭔가 좀 부족하다고나 할까?
- **싸웠다기보다는** 의견이 안 맞아서 심각하게 이야기 좀 했어.
- 평소 하는 걸 보면 두 사람은 **부부라기보다는** 엄마랑 아들 같아요.
- 대회 우승이 **목표였다기보다는** 열심히 하다 보니 좋은 결과가 나온 것 같습니다.

🔍 이유를 나타낼 때 'A/V-아/어서라기보다는'의 형태로도 사용한다.

- 맛이 **없어서라기보다는** 입에 안 맞아서 남겼어.
- 예술품을 수집하는 건 돈이 **많아서라기보다는** 예술을 사랑하기 때문이에요.

딱히 │ 예술품 │ 수집하다

1 다음 고민에 대해 보기 와 같이 완곡하게 조언해 보세요.

> 보기 "내 친구는 머리가 나쁜지 아무리 공부를 해도 성적이 나아지질 않아요."
>
> → 머리가 **나쁘다기보다는** 공부하는 법을 잘 몰라서 그럴 수도 있어요.

(1) "남편은 평소에도 제 말은 귓등으로도 안 들어요. 이렇게 무시당하고는 못 살겠어요"

→ _____ 잔소리처럼 들려서 못 들은 척하는 걸 거예요.

(2) "엄마는 항상 제 동생만 챙기고 저한테는 관심도 없어요. 엄마는 저보다 동생을 더 사랑하는 것 같아요."

→ _____

(3) "우리 부장님은 제가 맡은 일에 대해서 항상 지적을 하세요. 제가 정말 그렇게 일을 못하는 건지 정말 창피해 죽겠어요."

→ _____

2 다음의 예측에 대해 어떤 의견을 가지고 있습니까? 다음의 문장을 완성해 보십시오.

> 보기 노동 인구 감소로 자동화가 가속화되면 일부 직업이 소멸될 것이다.
>
> → 자동화 기술의 발달이 문제 완화에 도움이 됨.
>
> 일부 직업이 **소멸된다기보다는** 자동화 기술의 발달이 오히려 문제 완화에 도움이 될 것이다.

(1) AI 배우의 등장으로 실물 배우의 자리가 사라지게 될 것이다.

→ 인간의 감정과 경험에 의한 연기가 중요해짐.

(2) 대체 에너지의 사용으로 화석 연료와 관련된 산업이 몰락할 것이다.

→ 탄소 배출 등과 관련된 기술이 발달함.

가속화 | 소멸되다 | 몰락하다

문법 2

V-(으)려고 들다

요즘 아이들은 영상에만 의존하고 책은 읽지 않으려고 들어서 문제예요.

맞아요. 그래서 갈수록 집중력도 떨어지는 것 같고요.

❗ 어떤 목적이나 의도를 가지고 적극적으로 특정한 행동을 하려는 것을 나타낼 때 사용한다.

아이들이 책은 **읽지 않으려고 들어서** 문제이다.

↓

적극적인 행동

- 내가 평소에 요리를 안 해서 그렇지 **하려고 들면** 요리사 못지 않아.
- 높은 가격으로 올려도 한정판이니까 웬만하면 **사려고 들** 거예요.
- 너무 자기 이익만 **챙기려고 드는** 사람들을 보면 화가 나서 참을 수 없어요.
- 우리 팀 막내는 신입 사원답게 뭐든지 **배우려고 들어서** 참 보기 좋아요.

🔍 'V-(으)려고만 들다', 'N만 V-(으)려고 들다'의 형태로도 사용한다.

- 친구가 음식 준비할 때 도울 생각은 안 하고 **먹으려고만 들어서** 어떨 땐 좀 얄미워요.
- 우리 딸은 어쩌다 쉬는 날에도 외출은커녕 **자려고만 들어서** 큰일이에요.
- 수입은 적은데 명품만 **사려고 드는** 사람들을 보면 한심하다는 생각이 든다.

한정판 │ 웬만하다 │ 얄밉다

1 아이에 대한 고민을 보기 와 같이 써 보십시오.

> 보기 "우리 애는 초등학생인데 아직도 엄마하고 자려고 해요."
>
> → 우리 애는 초등학생인데도 혼자 **안** 자려고 **들어서** 걱정이에요.

(1) "우리 애는 채소는 안 먹고 고기만 먹어서 걱정이에요. 골고루 먹어야 키도 클 텐데."

→ _____

(2) "우리 애는 밖에 나가서 노는 건 싫어하고 방에서 혼자 책만 읽어요."

→ _____

(3) "우리 애는 오히려 너무 놀아요. 노는 것도 좋지만 공부를 전혀 안 하거든요."

→ _____

2 다음 인터뷰를 참고하여 취업 시장의 주요 문제에 대해 보기 와 같이 써 보십시오.

> 보기 제조업체 대표 "공장이 365일 운영되기 때문에 휴일 근무가 불가피한데 아무리 월급을 많이 줘도 지원하는 사람이 없어요."
>
> 구직자 "어떤 회사들은 바쁘다는 이유로 야간이나 휴일에도 일을 시켜요. 돈도 좋지만 쉬는 날이 있어야죠"
>
> → 제조업체 대표 요즘 청년들은 급여를 많이 준다고 해도 휴일에는 **일을 안 하려고 들어요.**
>
> 구직자 월급을 많이 주지만 바쁘다는 이유로 아무 때나 **일을 시키려고 드는** 곳이 있어요.

(1) 지방 회사 대표 "지방에서 인재를 찾기가 너무 힘듭니다. 대도시로만 인재가 몰리면서 우리 같은 지방 기업은 항상 인력난에 시달립니다"

구직자 "지방에 있는 회사인데도 지방 대학교를 졸업한 사람은 뽑지 않고 서울에서 대학을 졸업한 사람들만 찾아요."

→ 지방 회사 대표 _____

구직자 _____

(2) 건설업 관계자 "많은 청년들이 힘들고 위험한 일을 싫어하고 사무직이나 편한 일을 선호합니다"

구직자 "현장에서 일하면 일이 더 힘든데도 사무직보다 월급을 적게 받아요. 그러니까 현장에서 일하지 않으려고 하는 거예요."

→ 건설업 관계자 _____

구직자 _____

제조업체 | 건설업

읽기 어휘

1 뉴 미디어의 요소

도파민	디톡스	디지털	MZ 세대	밈
dopamine	detox	digital	MZ generation	meme

(1) (　　　　　　) : 여러 자료를 제한된 숫자로 나타내는 방식

(2) (　　　　　　) : 몸 안의 독소를 없애는 일

(3) (　　　　　　) : 뇌에서 주로 흥분을 전달하는 역할을 하는 화학 물질

(4) (　　　　　　) : 모방되어 전달되는 생각, 스타일, 행동

(5) (　　　　　　) : 밀레니얼 세대와 Z세대를 합쳐서 부르는 말

2 뉴 미디어와 현상

솟구치다	충족시키다	유익하다	우려하다
유도하다	급부상하다	간결하다	강화하다

(1) 영상으로 콘서트 현장의 생생한 모습을 보니 직접 관람하고자 하는 욕구가 더욱 (　　　　　　).

(2) 학생들의 턱없이 부족한 독서량으로 인해 국어 실력이 갈수록 낮아지고 있으므로 국가 차원에서 독서 교육을 (　　　　　) 필요가 있다.

(3) 디지털 교육 환경이 확대되면서 맞춤형 학습을 제공하는 AI 디지털 교과서가 새로운 학습 도구로 (　　　　　) 있다.

(4) 책을 통한 읽기 훈련을 위해서는 가정에서도 일상적으로 독서가 가능하도록 부모들이 분위기를 (　　　　　) 한다고 전문가들은 조언한다.

(5) 과도한 디지털 도구의 사용이 학생들의 학습 능력에 영향을 미치는 것에 대해 많은 전문가들이 (　　　　　) 있다.

(6) SNS를 이용한 제품 홍보는 짧은 시간에 제품의 특징을 알릴 수 있어야 하므로 (　　　　　) 구성하는 것이 좋다.

3 뉴 미디어의 특성

연관성	밈 현상은 현대 디지털 문화의 대표적인 예입니다. 밈은 사람들이 (1) (　　　　　　)
직관적	(으)로 이해할 수 있는 이미지나 영상으로 짧은 시간 안에 (2) (　　　　　　)(으)로
창의적	메시지를 전달합니다. 이 과정에서 사람들은 밈을 통해 자신과의 (3) (　　　　　　)
	을/를 찾고 이를 (4) (　　　　　　)(으)로 변형해 공유합니다. MZ 세대를 중심으로 이
측면	루어지는 (5) (　　　　　　)이/가 있지만 이러한 특성 덕분에 밈은 빠르게 확산되고 다
효율적	양한 커뮤니티에서 활발히 사용됩니다.

읽기 1

📌 이 단어들, 어떤 의미로 사용된 것일까요?

읽기 2

📌 '숏폼 콘텐츠'에 관한 칼럼입니다. 다음을 읽고 질문에 대답해 보십시오.

(가) 얼마 전 친구를 만났는데 '도파민 디톡스' 중이라더군요. '도파민 중독'이라는 말은 자주 들어 봤는데 '도파민 디톡스'라니요. 그래서 오늘은 도파민을 팍팍 솟구치게 하는 숏폼에 대한 이야기를 해 볼까 합니다. 최근 몇 년간 디지털 미디어 환경의 변화와 함께 숏폼 콘텐츠가 급부상하고 있는데요. '숏폼(Short-form)'이란 말 그대로 짧은 길이의 콘텐츠로 보통 몇 초에서 몇 분 정도의 길이를 가지는 영상이나 글을 말하는데, 숏폼 콘텐츠의 인기 요인 및 발전 배경도 알아보고 최근 들어 관심이 집중되고 있는 '문해력 저하'와의 연관성에 대해서도 따져 보도록 하겠습니다.

(나) 숏폼 콘텐츠의 개념은 사실 오래전부터 존재해 왔습니다. 예를 들어, 신문과 잡지의 짧은 기사나 만화 등이 숏폼 콘텐츠의 초기 형태라고 할 수 있으며 라디오와 텔레비전의 짧은 뉴스 클립, 광고, 그리고 텔레비전 쇼의 하이라이트 부분 등도 숏폼 콘텐츠의 또 다른 예로 볼 수 있습니다. 기술의 발달과 사회의 변화로 인해 보다 다양한 형태의 숏폼 콘텐츠가 현대 사회에서 중요한 미디어 형태로 자리 잡게 된 것이죠. 생활 리듬이 빠른 현대 사회에서는 짧은 시간 내에 정보를 소비하고자 하는 욕구가 강한데, 숏폼 콘텐츠는 이러한 요구를 충족시킬 수 있는 최적의 형식으로 짧은 시간에 흥미롭고 유익한 정보를 제공

▶ 내용 확인

1. 소재
   (가) 숏폼의 정의

   (나) 숏폼의 종류와 유행의 요인

함으로써 사용자들은 즉각적인 만족감을 얻을 수 있습니다. 또한 MZ 세대를 중심으로 유행하고 있는 '밈(meme) 현상' 역시 다양한 유머와 창의성을 담은 숏폼 콘텐츠를 통해 많은 사람들에게 쉽게 전달되면서 빠르게 확산되고 있죠.

(다) 이러한 숏폼 콘텐츠는 앞서 언급한 효율적인 정보 전달뿐만 아니라 ㉮창의적 사고, 교육적 활용, 마케팅 및 비즈니스 활용, 그리고 사회적 연결 강화 등 다양한 측면에서 현대 사회에 긍정적인 영향을 미치고 있지만, 한편에서는 숏폼 콘텐츠의 확산으로 학생들의 문해력 저하를 우려하는 목소리가 높아지고 있는데요. 문해력은 단순히 글을 읽고 이해하는 능력이라기보다는 정보를 분석하고 비판적으로 사고하는 능력까지를 포함하는데 숏폼 콘텐츠는 간결하고 직관적이지만 이러한 간결함이 깊이 있는 사고와 분석을 저해할 수 있다는 겁니다.

(라) 보다 구체적으로 살펴보자면, 숏폼 콘텐츠는 짧은 주의 집중 시간을 요구하기 때문에 사용자는 긴 글이나 깊이 있는 내용을 읽는 데 어려움을 겪습니다. 또한 숏폼 콘텐츠는 주로 감정적인 반응을 유도하며 간단한 정보와 짧은 메시지를 전달하고 있어서 정보를 깊이 있게 분석하거나 비판적으로 사고하는 능력이 발달하는 데 방해가 될 수도 있고요. 따라서 이러한 숏폼 콘텐츠의 소비가 늘어날수록 긴 글이나 책을 읽는 데 부담을 느껴 전통적인 독서 습관이 줄어들게 되고, 결국 문해력 저하로 이어지게 된다는 것이죠. 실제 지난 2021년 '국제협력개발기구(OECD)'가 발표한 '국제학업성취도평가(PISA)'의 한 보고서에 따르면 한국의 만 15세 학생들의 디지털 문해력은 OECD 국가 중 최저 수준으로 나타났는데 전문가들은 원인 중 하나로 '숏폼의 유행'을 꼽는다고 하네요.

(마) 최근 디지털 교육의 선도국 중 하나인 스웨덴 정부는 종이책과 손글씨 등 전통적 교육 방식을 재도입하겠다는 방침을 밝혔습니다. 디지털 도구의 사용과 지나치게 디지털화된 학습 방식이 학생들의 문해력 저하의 원인이라는 판단에 따른 것으로 보입니다. 물론 이러한 판단에 구체적인 증거가 없다는 지적도 있지만 디지털 문화의 발달과 숏폼 콘텐츠의 확산이 문해력 저하와 연관이 있음은 어느 정도 짐작이 가고도 남습니다.

(바) 문해력은 가장 기본이 되는 사회 능력인 동시에 학습 능력입니다. 말 그대로 '활자 상실의 시대'를 맞아 지식과 정보도 영상에서 찾으려 드는 학생들에게 단순히 책을 읽히고 한자 교육을 강화하는 것 이외에 보다 근본적인 대책이 필요할 것 같네요. 시대에 맞지 않게 너무 고지식한 생각이라고요? 아이고, 별말씀을요. 그렇게 높은 지식도 없는 제 글을 아껴 주셔서 독자 여러분들께 늘 감사할 따름인걸요. 말이 나온 김에 이 자리를 빌려 심심한 감사의 말씀을 전합니다. 제가 그다지 재미있는 사람은 아니라서요.

(다) _____
_____

(라) _____

(마) _____
_____

(바) 문해력 향상을
위한 대책 필요

2. 주제
_____
_____
_____ .

▶ 표현 확인

문해력 저하를 우려
하는 **목소리가 높아
지고 있다.**

**목소리가 높아지다
/ 커지다**
: 특정한 요구나 주장을
하는 사람들이 늘어나
다

예 학생들의 문해력이
눈에 띄게 낮아지
면서 독서 교육 강
화에 대한 **목소리가
높아지고 있다.**

팍팍 | 클립 | 하이라이트 | 최적 | 유머 | 마케팅 | 비즈니스 | 저해하다 | 선도국 | 재도입하다 | 방침 | 활자 | 상실 |
근본적 | 고지식하다 | 심심하다 | 그다지

1 위의 내용을 읽고 다음 용어를 정리해 보십시오.

숏폼	
문해력	

2 다음 질문을 읽고 대답해 보십시오.

(1) 숏폼 콘텐츠의 종류에는 어떤 것이 있으며 중요한 미디어 형태가 된 이유는 무엇입니까?

(2) 숏폼 콘텐츠의 어떤 특징이 사용자의 문해력 저하에 영향을 줍니까?

(3) 밑줄 친 ㉮에 나타난 '숏폼의 긍정적 영향'을 구체적인 예를 들어 설명해 보십시오.

3 다음의 표현을 사용해서 최근 미디어 환경의 문제점에 대한 의견을 이야기해 보십시오.

목소리가 높아지고 있다

과제

○ 윗글에서 언급된 '도파민 디톡스'의 효과적인 방법을 소개해 보십시오.

> 예 스크린 타임 줄이기

_____

_____

_____

_____

어휘 늘리기

다음 의성어·의태어는 어떤 말과 함께 쓰이면 좋을까요?

◉ 반복되는 소리나 모양을 나타내는 말들

팍팍	하다 쉬다 치다 때리다 퍼먹다 뿌리다	뚝딱(뚝딱)	대다 거리다 끝내다 해치우다 두들기다 마무리하다
움찔(움찔)	하다 대다 거리다 놀라다 멈춰서다	스르르	녹다 사라지다 잠이 들다 눈이 감기다 문이 열리다

◉ 이야기해 봅시다.

· 재미있게 들리는 의성어나 의태어가 있습니까?

· 의성어나 의태어를 한번 말하는 것과 두 번 말하는 것에서 어떤 차이가 느껴집니까?

속담

· **세월 앞에 장사 없다**
아무리 힘이 센 장사라고 하더라도 시간이 지나면 그 힘이 약해지듯이 흐르는 세월을 이길 수 있는 것은 없다는 의미

· **10년이면 강산도 변한다**
10년이면 강과 산의 모양도 조금씩 변하는 것처럼 변하지 않는 것은 없다는 말

문법과 표현

- 사람들이 정보를 필요로 하는 **이상** 방송국은 없어지지 않을 거예요.
- 요즘은 라디오는 **말할 것도 없고** TV도 없는 집이 많대요.
- 그 사람을 **좋아한다기보다는** 자꾸 신경이 쓰이는 거예요.
- 아이들이 책을 읽지 않으려고 **들어서** 문제예요.

◉ 주어진 단어를 활용하여 빈칸에 다양한 말을 넣어 보십시오.

지능이 낮아지다

학생들의 (　　　　　　　　　) 이해력이 부족해졌다고 볼 수 있다.

(1) 빈칸에는 어떤 표현들을 사용해 볼 수 있을까요?

> 보기 지능이 낮아진 것이 아니라 …　_____

(2) 위의 표현 중에 가장 적절하다고 생각되는 표현은 무엇입니까? 자신이 그 표현을 선택한 이유를
　　이야기해 보십시오.

실전 연습

※ [1–2] (　　　)에 들어갈 말로 가장 알맞은 것을 고르십시오.

1. (　　　)

　　그 장면은 (　　　　) 실제 자신의 속마음을 털어놓는 것 같았다.

　　① 연기인 데다가　　　　　　　　② 연기는 고사하고
　　③ 연기라기 보다는　　　　　　　④ 연기는 말할 것도 없고

2. (　　　)

　　우리 사장님은 기술이 발달했음에도 기존 방식만 (　　　　) 답답해요.

　　① 유지할 법해서　　　　　　　　② 유지할까 봐서
　　③ 유지하려고 들어서　　　　　　④ 유지함으로 인해서

● 밑줄 친 부분과 바꿔 쓸 수 있는 표현들을 적어 보십시오.

> 외교관이 되려면 **영어 실력은 말할 것도 없고** 국제적인 감각을 갖추고 있어야 한다.

(1) 밑줄 친 표현은 어떤 표현으로 바꿔 볼 수 있을까요?

[보기] 영어는 물론이고 … _____

(2) 자신이 적은 표현과 제시된 표현 사이에는 어떤 차이가 있습니까? 두 표현을 비교해서 설명해 보십시오.

실전 연습

※ [3-4] 밑줄 친 부분과 의미가 가장 비슷한 것을 고르십시오.

3. (   )

상대편이 중간에서 포기하지 않는 이상 쉽게 이길 수는 없는 싸움이다.

① 포기하지 않는 한   ② 포기하지 않으므로

③ 포기하지 않거니와   ④ 포기하지 않을 뿐더러

4. (   )

아나운서가 되고 싶으면 말할 때 발음은 말할 것도 없고 문법도 정확해야 한다.

① 발음이나마   ② 발음에다가

③ 발음은 제외하고   ④ 발음뿐만 아니라

비교해 봅시다

'-는 한' vs '-(으)ㄴ 이상, -는 이상'

두 표현 모두 '-(으)면'의 의미를 가지며 후행절의 기술을 위한 일정한 조건을 제시한다는 점에서 비슷하게 사용된다.
다만 '-는 한'의 경우는 동사와만 결합하고 이미 일어난 일에는 사용할 수 없으므로 과거형으로 사용하지 못한다.
반면 '-(으)ㄴ 이상, -는 이상'은 형용사나 명사와도 결합이 가능하고 이미 일어난 일에 대해서 가정하여 말할 수 있다.

• 내가 계속 운동을 **하는 한** 우승 트로피를 안은 지금 이 순간을 잊지 못할 것입니다.
• 내가 오늘 경기에 출전하기로 **한 이상** 우리 팀은 반드시 승리할 것이다.

읽기

1 다음을 순서에 맞게 배열한 것을 고르십시오. (   )

> (가) 그러나 짧고 간결한 정보 제공은 주의력을 분산시킨다.
> (나) 또한 깊이 있는 독서나 긴 글을 읽는 시간을 줄여 문해력에 영향을 준다.
> (다) 숏폼 콘텐츠의 과도한 소비는 문해력 저하와 밀접한 관련이 있다고 볼 수 있다.
> (라) 숏폼 콘텐츠의 유행은 짧은 시간 안에 정보를 소비하려는 현대인의 요구를 반영한다.

① (다) – (라) – (나) – (가)　　　　② (다) – (가) – (라) – (나)
③ (라) – (가) – (나) – (다)　　　　④ (라) – (나) – (다) – (가)

2 다음을 읽고 글의 내용과 같은 것을 고르십시오. (   )

> 밈(meme) 현상의 유행은 시각적 요소와 짧은 텍스트를 결합하여 간단하고 빠르게 메시지를 전달할 수 있는 특성 때문이다. MZ 세대는 밈을 통해 자신의 생각과 감정을 간결하게 표현하고 빠르게 변화하는 트렌드와 문화를 반영하는 도구로 사용한다. 밈은 사회적 이슈나 유머를 공유하며 공감대를 형성하고 창의성을 발휘할 수 있는 기회를 제공한다. 그러나 깊이 있는 사고나 토론이 줄어들고 특정 주제나 인물을 과도하게 희화화하여 오해를 불러일으킬 수 있다는 문제가 있다. 또한 밈의 빠른 확산력은 잘못된 정보나 부정적인 메시지가 널리 퍼지도록 만들 수도 있다.

① 밈을 많이 활용할수록 MZ 세대의 창의성이 떨어지는 경향이 있다.
② 밈은 영상과 텍스트를 활용하여 간단하고 빠르게 정보를 전달한다.
③ 특정 주제나 인물을 쉽고 재미있게 표현하여 전달하는 것이 밈의 장점이다.
④ 밈을 통해 생각과 감정을 간결하게 표현하기 위해서는 깊이 있는 사고가 필요하다.

더 읽어 보기

· 밈(meme) 현상

　밈은 모방을 뜻하는 그리스어 '미메시스(Mimesis)'와 유전자를 뜻하는 '진(Gene)'의 합성으로 모방되어 전달되는 문화적 유전자를 말한다. 그러나 MZ 세대들을 중심으로 한 밈은 재밌는 말과 행동이 온라인상에서 모방되거나 재가공되어 퍼지는 이미지 또는 영상 콘텐츠를 의미하게 되었다. 그리고 이는 MZ 세대들이 주로 사용하는 틱톡(Tiktok), 릴스(Reels), 쇼츠(Shorts)와 같은 숏플랫폼을 통해 확산되어 이제는 하나의 '현상'이 되고 있다.

[3-4] 다음을 읽고 물음에 답하십시오.

숏폼 콘텐츠의 개념은 오래전부터 존재해 왔다. 예를 들어, 신문과 잡지의 짧은 기사나 만화 등이 숏폼 콘텐츠의 초기 형태라고 할 수 있으며 라디오와 텔레비전의 짧은 뉴스 클립, 광고, 그리고 텔레비전 쇼의 하이라이트 부분 등도 숏폼 콘텐츠의 또 다른 예로 기술의 발달과 사회의 변화로 인해 보다 다양한 형태의 숏폼 콘텐츠가 현대 사회에서 중요한 미디어 형태로 자리 잡게 되었다. (㉠) 숏폼 콘텐츠는 이러한 요구를 충족시킬 수 있는 최적의 형식으로 짧은 시간에 흥미롭고 유익한 정보를 제공함으로써 사용자들은 즉각적인 만족감을 얻을 수 있다. (㉡) 또한 MZ 세대를 중심으로 유행하고 있는 '밈(meme) 현상' 역시 다양한 유머와 창의성을 담은 숏폼 콘텐츠를 통해 많은 사람들에게 쉽게 전달되면서 빠르게 확산되고 있다. (㉢) 이러한 숏폼 콘텐츠는 앞서 언급한 효율적인 정보 전달뿐만 아니라 교육적 활용 등 다양한 측면에서 현대 사회에 긍정적인 영향을 미치고 있지만 한편에서는 숏폼 콘텐츠의 확산으로 학생들의 문해력 저하를 우려하는 목소리도 높다. (㉣) 문해력은 단순히 글을 읽고 이해하는 능력이라기 보다는 정보를 분석하고 비판적으로 사고하는 능력까지를 포함하는데 숏폼 콘텐츠는 간결하고 직관적이지만, 이러한 간결함이 깊이 있는 사고와 분석을 저해할 수 있다는 것이다.

3 주어진 문장이 들어갈 곳으로 가장 알맞은 것을 고르십시오. (   )

생활 리듬이 빠른 현대 사회에서는 짧은 시간 내에 정보를 소비하고자 하는 욕구가 강하다.

① ㉠   ② ㉡   ③ ㉢   ④ ㉣

4 윗글의 내용과 같은 것을 고르십시오. (   )

① 숏폼 콘텐츠는 SNS의 발달 이후에 생긴 개념이다.
② 숏폼 콘텐츠는 현대 미디어의 중요한 형태 중 하나다.
③ 숏폼 콘텐츠는 밈(meme) 현상이 확산되면서 발달했다.
④ 숏폼 콘텐츠는 간결하고 직관적이어서 사고력 발달에 도움이 된다.

듣기

1 다음 대화를 듣고 이어질 수 있는 말을 고르십시오. (   )

① 뭐라고? 그 광고가 사람이 만든 게 아니라고?

② 아, 그게 광고가 아니라 뉴스에 나온 내용이었구나.

③ 그러니까. 어떻게 그런 장면을 촬영했는지 너무 궁금해.

④ 맞아. 감독을 만날 기회가 있으면 어떤 카메라를 사용했는지 꼭 물어보고 싶어.

2 남자의 생각으로 맞는 것을 고르십시오. (   )

① 라디오라는 매체가 없어질까 봐 걱정하고 있다.

② 라디오가 뭔지도 모르는 아이들을 이해하지 못한다.

③ 라디오 없이도 자기들만의 추억을 쌓고 있는 아이들을 부러워한다.

④ 라디오의 감수성을 그리워하면서 그런 경험이 없는 아이들을 안타깝게 생각한다.

[3-4] 다음을 듣고 물음에 답하십시오.

3 남자가 무엇을 하고 있는지 고르십시오. (   )

① 영화 산업에 영향을 미칠 AI기술을 소개하고 있다.

② AI가 인간의 일자리를 차지할 미래에 대해 경고하고 있다.

③ 최근 나온 상업 영화들의 제작 공식에 대해서 설명하고 있다.

④ 유전자 조작으로 태어난 동물들이 살고 있는 도시의 밤거리를 묘사하고 있다.

4 들은 내용과 같은 것을 고르십시오. (   )

① AI기술이 발달하면서 이틀 만에 영화를 완성하는 것도 가능하게 되었다.

② 영화를 만드는 방식은 AI기술이 발달한 지금이나 예전이나 큰 차이가 없다.

③ 최근 들어 배우, 스탭, 카메라 등이 없이 영화를 찍는 게 일상적인 일이 되었다.

④ 이 영화의 시나리오는 감독이 직접 썼으며 음향과 음악은 생성형 AI가 담당했다.

말하기

● 다음 신문 기사의 제목과 자료를 보고 '생성형 AI의 활용'에 대해 이야기해 보십시오.

Track 36

"생성형 AI, 이제 영화계도 접수"

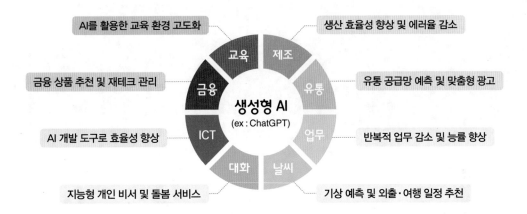

: 생성형 AI는 이제 우리 생활에 깊숙이 자리 잡고 있습니다 …

쓰기

● 다음 자료를 참고하여 '학생들의 문해력 저하'에 대한 글을 200-300자로 쓰십시오.

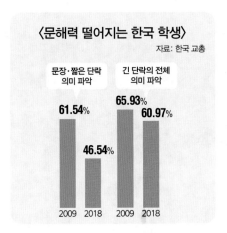

원인
· 동영상 시청 시간 증가
· 독서량 감소

예상 결과
· 학습 능력 저하
· 의사소통의 문제로 인한 관계 형성의 어려움

부록

정답

CHAPTER 7

스포츠와 심리

7-1 경기의 규칙

문법 1

연습

1. (1) 매일 운동을 하는 셈이지요.
   (2) 생일이나 명절에만 한 잔씩 마시니까 술을 끊은 셈입니다.
   (3) 감독상 수상으로 원하던 것을 다 이룬 셈이니까요.

모범 답안

2. (1) 모든 공공 요금이 다 오르는 셈이군.
   (2) 이제 여름도 다 끝난 셈이군.
   (3) 우리나라는 사형 제도가 없어진 셈이군.

문법 2

연습

1. (1) 고령의 나이에도 불구하고 철인 3종 경기에도 출전하시는데요.
   (2) 주위의 반대에도 불구하고 의사를 그만두고 가수가 되었대.
   (3) 심각한 부상에도 불구하고 포기하지 않고 끝까지 최선을 다했으니까 후회는 없을 거야.

모범 답안

2. (1) 음주 운전의 위험성을 많이 알리는데도 불구하고 음주 운전 사고가 끊이지 않아요.
   (2) 기름값이 많이 올랐는데도 불구하고 자동차 이용은 줄어들지 않고 있어요.
   (3) 에너지를 절약하자는 캠페인에도 불구하고 가정에서의 에너지 낭비가 많아요.

듣기 어휘

1. (1) 우승   (2) 역전
   (3) 공격   (4) 득점
   (5) 결승

2. (1) 유력한   (2) 진출하게
   (3) 일으키는   (4) 맞붙을
   (5) 이끈   (6) 매기고

3. (1) 심상치 않습니다   (2) 열풍
   (3) 문외한   (4) 어깨를 나란히 하게
   (5) 이목이 집중되고

듣기 1

1. 세트 스코어 2대2로 승리까지 두 포인트가 남았다.

2. 작년 – 메이저 대회 16강 진출, 올해 – 준결승 진출

3. 러브, 득점을 못해도 테니스에 대한 사랑으로 경기를 한다는 뜻

듣기 2

1.

	시기 및 대상	경기 방법
시초	11세기경 유럽의 귀족과 성직자가 즐겼던 '라뽐므'라는 경기	손바닥을 사용한 볼 경기
득점 구성	포인트→(게임)→(세트)→ 매치	

점수 명칭	0점	1점	2점	3점
	러브	피프틴	서티	포티

2.

러브	• 숫자 '0'이 달걀 모양과 비슷해 프랑스어로 '뢰프'라고 불렸고 이후 '러브'로 바뀌었다. • 'to play for love'에서 비롯됐다.
15점 단위	• 중세 프랑스에서 점수를 시계 형태의 기구로 계산, 한 번 이길 때마다 15분씩 이동, 네 번 이기면 제자리

7-2 몸과 마음의 균형

문법 1

연습

1. (1) 아무래도 대출을 받지 않고서는 집을 사기 어려울 테니까요.
   (2) 아무래도 전문직이 아니고서는 많은 월급을 받으면서 안정적으로 생활하기 힘들 테니까요.
   (3) 아무래도 서민들은 복권이나 로또가 아니고서는 큰돈을 벌 수 있는 기회가 없을 테니까요.

모범 답안

2. (1) 탄소 배출을 획기적으로 줄이지 않고서는 지구 온난화 문제를 해결하기 어렵다.
   (2) 사회 복지 제도를 잘 마련하지 않고서는 AI 시대에 일자리 감소로 인한 부작용을 막기 어렵다.

문법 2

연습

1. (1) 그 친구가 생명의 은인이라고 해도 과언이 아니네요.
   (2) 대부분의 한국 사람들이 매일 커피를 마신다고 해도 과언이 아닐 거예요.
   (3) 종이책의 시대가 끝났다고 해도 과언이 아닌 것 같아요.

모범 답안

2. (1) 젊은 사람들에게는 TV가 필요없다고 해도 과언이 아니에요.
   (2) 담배는 독약이라고 해도 과언이 아니에요.

읽기 어휘

1. (1) 판단력   (2) 경기력
   (3) 전략   (4) 인지 능력
   (5) 집중력

2. (1) 발휘해서   (2) 활용하면
   (3) 극복하고   (4) 실천하지
   (5) 향상되는   (6) 힘을 쏟을

3. (1) 부활   (2) 압박감
   (3) 불안   (4) 경직되면서
   (5) 은퇴

읽기 2

1.

	슬럼프	입스
의미	일정 기간 동안 성과가 낮아지는 상태	압박감이나 불안이 증가하는 상황이 되면 근육이 경직되고 평소에 잘하던 동작도 제대로 못하게 되는 현상
사용 대상	운동선수, 예술가, 직장인 등	골프, 야구 등 스포츠 분야

2. (1) 운동이 인지 능력 향상에 도움이 된다.
   (2) 로마 검투사들과 그들에게 열광하는 사람들을 비판할 목적으로 쓴 풍자시의 일부
   (3) 검투사들의 육체에만 열광하고 따라 하려는 사람들에게 건강한 육체만 중요하게 생각하지 말고 건강한 정신도 가지라는 의미

7-3 TOPIK 유형으로 확인하기

문법과 표현

1. ③   2. ②   3. ④   4. ①

읽기

1. ④   2. ②   3. ③   4. ②

듣기

1. ①   2. ①   3. ④   4. ②

말하기

● 온라인 쇼핑몰의 조사에 따르면 최근 테니스 용품의 판매량이 급속도로 증가하고 있다. 이는 젊은이들을 중심으로 골프와 테니스와 같은 고급 스포츠에 대한 관심이 높아져서 이 두 운동에 대한 수요가 많아졌기 때문이다. 그런데 테니스는 골프에 비해 비용이 상대적으로 저렴하고 운동량이 많아서 운동 효과가 크다는 점 때문에 골프를 즐기던 사람들이 테니스로 이동하는 경우가 많아졌고 그 결과 테니스 관련 산업들도 영향을 받는 것이다. 앞으로 날씨에 관계없이 테니스를 즐길 수 있는 실내 테니스장이 늘어날 것으로 예상된다.

쓰기

● 최근 조사에 따르면 슬럼프일 때 가장 많이 겪는 현상은 자신감이 없어지고 모든 일에 의욕이 없어 게을러지는 것이고 다음으로는 사람들을 만나기 싫어진다는 답변이 많았다. 반면에 슬럼프를 극복하는 방법으로 가장 많이 답한 것은 충분한 휴식을 취하고 의욕이 없어도 뭐든지 하려고 노력하기, 취미 생활 등이었는데 슬럼프를 겪는 사람들은 슬럼프를 탈출하기 위해 스스로, 그리고 적극적으로 노력한다는 것을 알 수 있다. (228자)

CHAPTER **8**

현대인의 정신 건강

8-1 중독 관리

문법 1

연습

1. (1) 혼내 봤자 눈 하나 깜짝하지 않아.
   (2) 백날 떠들어 봤자 아무 소용 없어.
   (3) 아무리 졸라 봤자 어차피 한 푼도 빌려주지 않을 거야.

2. (1) 전기 자전거라고 해도 자전거가 빨라 봤자 얼마나 빠르겠어요?
   (2) 편의점 도시락이 맛있어 봤자 얼마나 맛있겠어요?

문법 2

연습

1. (1) 평소에 관리를 제대로 하지 않으면 재발하기 일쑤입니다.
   (2) 낚시를 하러 가면 빈손으로 돌아오기 일쑤였는데
   (3) 엔지를 내서 촬영이 중단되기 일쑤였어요.

2. (1) 나는 방학 때 밤마다 늦게까지 SNS를 하곤 했다. SNS를 보면 시간 가는 줄 몰라서 밤을 새우기 일쑤였다.
   (2) 나는 쇼핑을 하면 계획에 없던 물건을 많이 사서 걱정이다. 구경만 하겠다고 마음먹고 나가도 충동구매를 하기 일쑤라서 내 친구는 나에게 구경도 하지 말라고 말하곤 한다.

듣기 어휘

1. (1) 쾌감   (2) 주의력

(3) 중독   (4) 내성

(5) 자제력   (6) 금단 증상

2. (1) 떨리는   (2) 짜릿한

(3) 집착하지   (4) 몰입한

(5) 시달리기   (6) 성에 차지

3. (1) 따게   (2) 일확천금

(3) 도박   (4) 재산

(5) 행운

듣기 1

1. ① 아침에 눈 뜨자마자   ② 화장실에 갈 때

③ 넘어지거나   ④ 빨간불

⑤ 건너갈 뻔한

듣기 2

1.

여자 1	알코올 중독
남자	도박 중독
여자 2	탄수화물 중독, 카페인 중독, 스마트폰 중독

2. 술을 안 마시면 몸이 떨리고 불안함이 멈추지 않았다.

3. 일확천금을 얻겠다는 이루기 힘든 행운에 대한 마음을 버리면 현실을 바라볼 수 있게 되고 현실에서의 소소한 행복을 찾을 수 있다는 의미이다.

8-2 우울과 불안

문법 1

연습

1. (1) 적금이나 예금을 하라고 하는가 하면 어떤 전문가는 주식이나 가상 화폐에 투자하라고 합니다.

(2) 사업이 순조로울 때가 있는가 하면 눈앞이 캄캄할 때도 있었지요.

(3) 갑자기 짜증이 나고 가슴이 두근거리는 날이 있는가 하면 하루종일 우울하고 기운이 없는 날도 있습니다.

모범 답안

2. (1) 사람마다 직업을 고르는 기준이 다르다. 연봉을 기준으로 직업을 고르는 사람이 있는가 하면 지역을 기준으로 직업을 고르는 사람도 있다.

(2) 사람마다 스트레스를 받을 때 나타나는 증상이 다르다. 스트레스를 받으면 두통이나 불면증 등 신체적으로 증상이 나타나는 사람이 있는가 하면 집중력이나 기억력이 떨어지는 등의 정신적으로 증상이 나타나는 사람이 있다.

문법 2

연습

1. (1) 지적만 하지 구체적 대안을 내놓지 않습니다.

(2) 돈을 벌 줄만 알지 쓸 줄은 몰라서

(3) 음식 맛을 볼 줄만 알지 요리를 하는 방법은 모릅니다.

모범 답안

2. (1) 요즘 사람들은 연애만 하려고 하지 결혼은 하지 않으려고 합니다.

(2) 요즘 사람들은 외모에만 신경을 쓰지 내면을 가꾸려는 노력은 하지 않는 것 같습니다.

읽기 어휘

1. (1) 질환   (2) 겁

(3) 사망   (4) 절망

(5) 심장   (6) 증후군

2. (1) 부추긴다   (2) 자제할

     (3) 소소한   (4) 방치해

     (5) 권장하고   (6) 모방하므로

3. (1) 자살   (2) 극단적

     (3) 완곡하게   (4) 언론

     (5) 권고하고

읽기 2

1. (1) 유명인의 자살에 영향을 받아 일반인들이 따라서 죽는 현상

     (2) 자살을 의미한다. 심리적인 고통과 절망에 빠져 있는 병적인 상태에서의 자살을, 한 개인이 희망 하여 선택한 결과로 오해할 수 있기 때문이다.

     (3) 정신적으로 큰 문제가 있어야 가는 것처럼 여긴다.

8-3 TOPIK 유형으로 확인하기

문법과 표현

1. ①   **2.** ④   **3.** ①   **4.** ①

읽기

1. ①   **2.** ④   **3.** ①   **4.** ②

듣기

1. ④   **2.** ①   **3.** ②   **4.** ③

말하기

모범 답안

● 농림축산식품부의 조사에 따르면 5년 동안 1인당 연 간 커피 소비량이 90잔 가까이 늘었다고 합니다. 이 렇게 커피 소비량이 늘면서 그 부작용으로 불면증 환 자도 10년 동안 두 배 늘었는데요. 이는 아마도 커피 의 주성분인 카페인이 수면에 영향을 미쳤기 때문일 것입니다. 이러한 수면 장애를 극복하기 위해서는 3 시 이후 카페인 섭취를 자제할 필요가 있습니다. 만 약 커피를 마시고 싶다면 디카페인 커피를 섭취하는 것도 대안이 될 수 있습니다. 또한 규칙적으로 생활 을 하고 낮에 산책하는 습관을 가진다든가 해서 햇볕 을 쬐면 밤에 더 쉽게 잠들 수 있을 것입니다.

쓰기

모범 답안

● 현대 사회에서 정신 건강은 개인뿐만 아니라 사회 전 체에도 영향을 미친다. 정신이 건강한 사람들은 생산 성이 높고 긍정적인 대인 관계를 형성할 가능성이 큰 반면에 정신이 건강하지 않은 사람들은 생산성이 낮으 며 다른 사람들에게도 부정적인 영향을 미칠 수 있다. 그러므로 정신 건강 문제를 개인의 문제로만 여길 것 이 아니라 사회적 문제로 인식해야 한다.

사실 과도한 경쟁을 부추기는 사회 분위기가 개개인 의 정신적 스트레스에 한몫하고 있다고 해도 과언이 아니다. 입시 경쟁, 취업 경쟁에서 앞서 나가지 않으 면 실패한 인생을 살게 될지도 모른다는 미래에 대한 불안감이 우울증과 불안 장애를 만드는 것이다.

이를 해결하기 위해 정부와 사회는 정신 건강 문제 를 공개적으로 이야기할 수 있는 사회적 분위기를 조 성하고 원하는 사람은 누구나 정신 건강 상담과 치료 를 쉽게 받을 수 있도록 해야 한다. 개인들이 치열하 게 살지 않아도 안전함을 느낄 수 있도록 지역 사회 가 이들을 보호하고 경제적 지원 프로그램과 복지 제 도를 마련해야 한다.

정신 건강 문제는 개인만의 문제가 아니라 사회 전체 의 문제이다. 개인들의 정신 건강이 좋은 사회는 더 행복하고 생산적이며 안전한 사회가 될 수 있다. 따라 서 정부와 사회는 국민들의 정신 건강을 위해 더 건 강한 사회를 만들어 나갈 수 있도록 노력해야 한다. (652자)

CHAPTER 9

가치관의 변화

9-1 일과 삶의 조화

문법 1

연습

1. (1) 오래 배웠으니까 실력이 늘었을 법한데
   (2) 아파트 가격이 높지 않으니까 입주를 원하는 사람이 많을 법도 한데
   (3) 물가가 크게 올랐으니 충분히 부담스러워할 법하지요.

모범 답안

2. (1) 놀랐을 법한데 당황하지 않고 침착하게 119에 신고했다.
   (2) 어려울 때 도와준 친구들에게 한턱낼 법도 한데 아직 한 번도 밥을 산 적이 없다.

문법 2

연습

1. (1) 이별이 쉽지 않을 테지만 서로를 위해 헤어지는 게 나아.
   (2) 메뉴도 조금 달라졌을 테지만 여전히 손님이 많다고 하니까 맛있을 거야.
   (3) 공무원이라는 직업을 선택했을 테지만 생각보다 낮은 월급 탓에 이직을 고민하는 공무원들이 많아졌기 때문이지요.

모범 답안

2. (1) 부모님과 살면 생활비가 절약될 테지만 독립해서 회사 근처로 이사하면 출퇴근 시간이 줄어서 삶의 질이 훨씬 좋아질 거예요.
   (2) 야식을 끊는 것이 힘들 테지만 건강을 위해 야식 대신 운동으로 스트레스를 풀어 보세요.

듣기 어휘

1. ㉮ 열풍 • — • 들다
   ㉯ 의문 • — • 불다
   ㉰ 의식 • — • 따지다
   ㉱ 조건 • — • 깔리다
   ㉲ 가게 • — • 차리다

   (1) 의식이 깔려   (2) 의문이 든다
   (3) 조건을 따지면   (4) 열풍이 불고
   (5) 가게를 차리고

2. (1) 운영하기가   (2) 모색해야
   (3) 집중하지   (4) 지적한
   (5) 만족한다

3. (1) 구직   (2) 조화
   (3) 혼인율   (4) 가치관
   (5) 정체성

듣기 1

1. 일의 의미를 찾을 수 없겠다는 생각이 들어서

2. 커피에 관심이 많아서 바리스타 자격증도 따고 커피 공부도 꾸준히 했기 때문에 자연스럽게 카페 운영을 선택하게 되었다.

듣기 2

1.

	워라밸	워라블
방식	일과 개인 생활을 분리한다.	일과 개인 생활을 섞는다.
예시	• 퇴근 후 가정생활을 할 시간을 갖는다. • 여가 활동이나 자기 계발을 한다.	• 동호회 모임이나 일상 생활에서 얻은 아이디어를 업무에 적용한다. • 취미를 직업으로 삼는다.

2. 일자리를 선택할 때 근무 여건을 비중 있게 따진다는 사실을 통해 알 수 있다.

3. 좋아하는 일을 하면서 만족감과 성취감을 느끼고 정체성을 찾고자 한다.

9-2 고령화 시대와 가족

문법 1

연습

1. (1) 나만 편하면 그만이라는 생각은 너무 이기적인 것 같아.

(2) 돈만 벌면 그만이라는 잘못된 생각 때문에 소비자들이 피해를 보네요.

(3) 시청률만 잘 나오면 그만이라는 무책임한 태도가 문제인 것 같아요.

모범 답안

2. (1) 근거 없이 하는 나쁜 말은 무시하면 그만입니다. 포기하지 말고 끝까지 해 보세요.

(2) 아무리 좋은 것도 자기가 하기 싫으면 그만입니다. 싫어하는 일을 억지로 시키지 말고 아이의 관심사를 천천히 알아가 보면 어떨까요?

문법 2

연습

1. 보기 여행 • ——— • 친구 만날 시간도 없다

(1) 미역국 • • 수료도 하지 못하다

(2) 1등 • • 무급 휴가도 신청하기 힘들다

(3) 유급 휴가 • • 축하 인사도 못 받다

(1) 미역국은 고사하고 축하 인사도 못 받았어요.

(2) 1등은 고사하고 수료도 하지 못할까 봐 걱정이야.

(3) 유급 휴가는 고사하고 무급 휴가도 신청하기 힘들다고

모범 답안

2. (1) 빨리 가정을 이루고 싶지만 일에 쫓겨 결혼은 고사하고 연애도 못 하고 있다.

(2) 30대가 되었는데 독립은 고사하고 취업도 하지 못했다.

읽기 어휘

1. (1) 배우자 (2) 핵가족

(3) 미혼 (4) 구성원

(5) 가구

2. (1) 상주하기 (2) 노화하는

(3) 구성되었다 (4) 고립되었다고

(5) 얹혀살았더니

3. (1) 수명 (2) 마냥

(3) 안정적 (4) 소홀히

(5) 정책

읽기 2

1.

1인 가구	1인 가구의 약 40%가 70대 이상의 노인이 될 것임.
부부 가구	70대 이상의 부부 가구가 전체 부부 가구의 약 57%를 차지할 것임.
부부와 미혼 자녀 가구	독립하지 않은 40~50대 자녀가 수가 더욱 증가할 것임.

2. (1) 성인 자녀에게 경제적으로 반드시 도움을 줘야 한다는 인식이 바뀌고 있어서 노후 자산을 자녀에게 주지 않겠다는 부모들이 늘고 있다.

(2) 개인은 자산을 모으고 다양한 관계를 맺어 놓아야 한다. 사회는 적극적이고 현실적인 노인 돌봄 정책을 세워야 한다.

9-3 TOPIK 유형으로 확인하기

문법과 표현

1. ③ **2.** ② **3.** ① **4.** ④

읽기

1. ④ **2.** ③ **3.** ② **4.** ③ **5.** ④

듣기

1. ③ **2.** ③ **3.** ③ **4.** ②

말하기

모범 답안

- 통계청의 경제 활동 인구 조사에 따르면 일하기를 원하는 고령자가 전체 고령자의 68%에 달하는 것으로 나타났습니다. 이들이 근로를 희망하는 가장 큰 이유는 생활비 때문입니다. 보통 60세 전후로 정년퇴직을 하게 되는데 연금을 받는 시기가 65세쯤인데다가 연금만으로는 생활비가 충분하지 않으므로 일을 필요로 하는 것입니다. 그다음으로 일이 좋아서라는 응답이 뒤를 이었습니다. 일을 통해 성취감을 느끼는 것, 그리고 사회의 구성원으로서 자기의 역할을 해내고 사회로부터 인정받는 것이 노후를 더욱 즐겁게 살아가게끔 하는 원동력이 되기 때문입니다.

  현재 고령자의 약 60%가 경제 활동을 하고 있습니다. 앞으로도 생활비를 비롯한 여러 가지 이유로 경제 활동에 참여하는 고령자는 계속 증가할 것으로 보입니다.

쓰기

모범 답안

- 일에 대한 가치관은 세대마다 다르다. 부모 세대는 가족 부양과 경제적인 안정, 사회적 지위를 중요하게 여기는 시대를 살아왔다. 그렇기 때문에 주로 생계 또는 사회적 인정을 위해 일을 하는 사람들이 많았다. 한편 자녀 세대는 부모 세대보다 경제적으로 풍요롭고 다양성을 인정받는 사회에서 살고 있다. 이러한 변화로 일을 통해 개인의 성장과 자아실현을 추구하고자 하는 젊은이들이 많아졌다.

  직업을 선택할 때도 부모 세대와 자녀 세대의 차이가 드러난다. 부모 세대는 높은 수입과 안정성, 사회적인 평가를 우선시하는 면이 있다. 자녀 세대 역시 경제적인 안정성을 중요하게 생각하지만 그에 못지않게 워라밸, 개인의 성장 가능성 등과 같은 조건도 비중 있게 따진다.

  자녀 세대가 직업을 선택하는 조건 중 하나로 워라밸을 꼽았는데, 부모 세대 또한 워라밸을 추구한다고 생각한다. 어느 세대를 막론하고 누구나 가족과의 시간, 취미 활동, 자기 계발 등을 원하기 때문이다. 그러나 퇴근 이후 업무 연락이 오는 것에 대해, 부모 세대는 어느 정도 허용적인 태도를 보이는 반면 자녀 세대는 이를 문제로 인식하는 경향이 있다. 즉 자녀 세대는 업무와 개인 생활을 확실하게 분리하기를 원한다는 것을 알 수 있다.

  가치관의 차이는 가정이나 직장에서 세대 간에 갈등을 일으키기도 한다. 그러나 이것은 옳고 그름의 문제가 아니므로 서로를 이해하려는 노력이 필요하다.
  (639자)

CHAPTER 10

예술을 보는 눈

10-1 다양한 예술의 세계

문법 1

연습

1. (1) 식상한걸.
(2) 나는 좀 어색하던걸.
(3) 나는 별로던걸.

모범 답안

2. (1) 정말 신선한걸요. / 오, 느낌 있는걸요. / 그런 생각을 하다니 대단한걸요.
(2) 그래요? 놀라운걸요. / 진짜요? 생각지도 못했는걸요. / AI가 그리다니 엄청난걸요.
(3) 좋은 생각인걸요. / 공장에서 전시회를 하다니 획기적인걸요.

문법 2

연습

1. (1) 걱정스러운 듯이 수연을 바라봤다.
(2) 할 말이 있다는 듯이 수연을 불렀다.
(3) 귀찮다는 듯이 고개를 돌렸다.

모범 답안

2. (1) 그는 미친 듯이 웃었다.
(2) 도서관이 아무도 없는 듯이 조용하다.

듣기 어휘

1. (1) 일상
(2) 상업적
(3) 예술
(4) 개념 미술
(5) 팝 아트

2. (1) 무한한
(2) 확장시켰다
(3) 파장
(4) 숙련된
(5) 납득
(6) 시각

3. (1) 뒤바꿔
(2) 추구하는
(3) 풍자하는
(4) 초점
(5) 영감
(6) 다가갈

듣기 1

1. 팝 아트 전시회

2. 지나치게 상업적이고 예술이라 보기 어렵다.

3. 아름다움보다는 즐거움을 추구하며 현실을 비판하고 풍자한다. 대중문화와 일상에서 영감을 얻어 만들어져서 더 많은 사람들이 예술에 다가갈 수 있게 했다.

듣기 2

1. 작가의 서명만 적혀 있는 하얀색 소변기

2. 예술은 창조의 과정 자체가 아닌, 작가의 선택과 해석이 예술의 중요한 요소이다.

3. '이미 만들어져 있는 것'이라는 의미로 일상생활에서 쉽게 찾아볼 수 있는 대상을 그대로 작품으로 활용하는 것을 말한다.

4. 남자 − 예술은 전문적인 훈련과 연습을 통해 실력을 쌓은 작가가 직접 창작하고 만들어야 한다.
여자 − 예술은 주관적 개념이라 모든 사람이 같은 생각을 가질 수 없다.

10-2 동양화와 서양화

문법 1

연습

1. (1) 규모가 작을망정
   (2) 그 작가의 작품이 다소 옛날 스타일일망정 생각 없이 유행을 좇는 작품은 아니에요.
   (3) 새로 들어온 신입 사원이 눈치가 좀 없을망정 일을 못하는 건 아니에요.

모범 답안

2. (1) 한번 시작한 일은 아무리 힘든 일이 있을망정 포기하지는 않을 거예요.
   (2) 맡은 일을 못해서 조금 손해를 볼망정 다른 사람에게 무리한 부탁은 못하겠어요.

문법 2

연습

1. (1) 아이가 잘못하면 부모로서 아이를 야단쳐야지요.
   (2) 지휘관으로서 명령하는데
   (3) 하객 대표로 축사를 하기로 했어요.

모범 답안

2. (1) 유재석 씨는 한국의 대표적인 MC로서 여러 프로그램의 진행을 맡고 있다.
   (2) 롯데월드타워는 서울의 대표적인 랜드마크로서 송파구에 위치해 있다.

읽기 어휘

1. (1) 붓 터치 (2) 명암
   (3) 패턴 (4) 색채
   (5) 먹물 (6) 캔버스

2. (1) 섬세하게 (2) 응시해야
   (3) 극명하다 (4) 단아해
   (5) 그어 (6) 대비를 이룬다

3. (1) 인물화 (2) 명상적
   (3) 성찰/사색 (4) 여백
   (5) 사색/성찰

읽기 2

1. 서양화 – 개인의 감정을 자유롭게 표현하고 새로운 표현 방식을 모색한다.
   동양화 – '선의 굵기와 명암'을 중심으로 대상을 표현한다.

2. (1) 서양화 – 납작한 붓은 면을 색칠하기에 좋고 물감과 캔버스는 색을 여러 번 덧칠하기에 알맞다.
   동양화 – 종이는 내구성이 약하지만 붓은 먹물을 묻혀 점을 찍거나 다양한 굵기의 선을 표현하기에 좋다.
   (2) 붓 터치로 인물 주위로 난기류 같은 패턴을 그리고 푸른 바탕색을 사용했다.

10-3 TOPIK 유형으로 확인하기

문법과 표현

1. ① 2. ① 3. ④ 4. ③

읽기

1. ④ 2. ② 3. ② 4. ④

듣기

1. ② 2. ④ 3. ② 4. ④

말하기

● 저는 좋은 예술 작품은 다음과 같은 두 가지 조건을 갖추어야 한다고 생각합니다.

첫 번째는 독창성입니다. 좋은 예술 작품은 기존의 작품과 차별화되는 독창적인 표현과 아이디어를 가지고 있어야 합니다. 작품을 보는 관객들에게 새로운 시각을 제시하고 새로운 경험을 선사하는 작품이 좋은 예술 작품입니다.

두 번째로 좋은 예술 작품은 관객들에게 감동을 주고 공감을 불러일으킬 수 있어야 합니다. 인간의 감정과 경험을 담아낸 작품은 더 많은 사람들에게 영향을 미칠 수 있습니다.

제 생각에 백남준의 작품은 독창성과 공감이라는 두 가지 조건을 모두 충족합니다. 그의 작품은 기존 예술의 개념을 깨는 독창적인 표현을 보여주었고 그 안에 현대 사회의 문제점을 비판하는 메시지를 담아 사람들의 공감을 이끌어냈습니다.

쓰기

● 예술은 개인과 사회를 풍요롭게 하기 위한 필수적인 요소이지만 바쁜 현대인들은 종종 예술의 필요성과 중요성을 잊고 지내기도 한다. 그렇다면 바쁜 현대인들에게 우리의 삶에 예술이 필요한 이유는 무엇이라고 설명할 수 있을까?

예술은 우리가 일상생활에서 느끼는 많은 감정들을 다양한 형식에 담아 표현해 주기 때문에 많은 예술 작품을 통해 우리는 타인과 자신의 감정을 더욱 깊이 있게 이해할 수 있게 된다. 그러나 회사, 가정, 학교 등에서 매일매일 자신에게 주어진 일들을 해 나가야 하는 현대인들이 시간을 내서 예술을 감상하는 것은 쉬운 일이 아니다. 또한, 현대 미술이나 연극 등과 같은 순수 예술은 종종 어렵고 이해하기 힘들다는 인식이 있다. 게다가 미술관이나 전용 극장의 높은 관람료는 대중들의 발걸음을 순수 예술 분야에서 더욱 멀어지게 만든다.

순수 예술에 대한 사람들의 거부감을 줄이고 예술을 친근하게 느끼게 하기 위해서는 예술 작품을 전시하는 공간을 늘리고 예술과 관련된 다양한 행사를 개최하는 것이 중요하다. 특히, 미술관이나 전용 극장 같은 전문적인 공간을 찾아 예술 작품을 접하는 것도 중요하겠지만 우리 주변의 일상적인 공간에서 부담스럽지 않게 예술과 접할 수 있도록 하는 것이 좋을 것이다. (612자)

CHAPTER **11**

여행하는 삶

11-1 삶과 여행

문법 1

연습

1.

(1) 많이 알려진 바 있는 한식 대신 새로운 음식을 제공하는 게 어떨까 싶습니다.

(2) 이용한 바 있는 일반 호텔 대신 한옥 호텔로 정하는 게 어떨까 싶습니다.

(3) 방문한 바 있는 시장 대신 방송국에서 진행하는 게 어떨까 싶습니다.

2. (1) 대학 진학이 좌절된 바 있습니다.

   (2) (저처럼) 큰 시련을 겪은 바 있을지도 모릅니다.

문법 2

연습

1. (1) 예상보다 자금이 많이 들어가서 계획을 미루지 않을 수 없었대.

   (2) 회사의 미래를 생각하면 신입 사원을 채용하지 않을 수 없어요.

   (3) 너무 잘 싸웠기 때문에 우리 팀의 패배를 깨끗하게 인정하지 않을 수 없습니다.

2. (1) 일을 해야 하는데 노트북이 부서져서 새로 구입하지 않을 수 없었다.

(2) 회의 중 잠깐 졸고 있을 때 사장님이 들어오셔서 당황하지 않을 수 없었다.

듣기 어휘

1. (1) 전업   (2) 일터

(3) 복귀   (4) 여행담

(5) 한달살이   (6) 전환점

2. (1) 돌이켜   (2) 절실하게

(3) 따분한지   (4) 간직한

(5) 예견된   (6) 마주하게

3. (1) 싱숭생숭하기   (2) 전념하려고

(3) 출연했는데   (4) 떠올랐습니다

(5) 나서게 되었습니다

듣기 1

1. •   • 가

2. •   • 나

3. •   • 다

듣기 2

1. (1) 여행가   (2) 작가

(3) 방송국을 그만두었을

(4) 또 다른 자신의 모습을 발견하고

(5) 행복과 보람을 느끼고

2. 한 달 정도 순례길을 걸으면서 경험한 것들을 적어 놓은 여행 일기에 사진을 함께 넣어서 출판한 책

11-2 지속 가능한 여행

문법 1

1. (1) 직계 가족이라야 면회가 가능합니다.

(2) 봉사 활동 경험이 있는 학생이라야 학생회장 선거에 나갈 수 있어.

(3) 각 나라를 대표하는 화가의 작품이라야 이 박물관에 전시될 수 있습니다.

2. (1) 위생 점수가 높은 호텔이라야 안심하고 묵을 수 있다.

(2) 그 지역이나 나라에서만 살 수 있는 독특한 물건이라야 쇼핑을 하는 재미가 있다.

문법 2

1. (1) 휴가도 포기하고 일만 열심히 한들 누가 알아주겠어요?

(2) 아무리 비싼 보석을 준들 받겠어요?

(3) 몇 번씩 전화를 한들 받을 리가 없죠.

2. (1) 권리가 있은들 거기에 맞는 책임이 따르지 않으면 소용없다.

(2) 아무리 좋은 생각이 많은들 실행에 옮기지 않으면 아무 가치가 없다.

읽기 어휘

1. (1) 정화   (2) 협력

(3) 문명   (4) 공정

(5) 현지인   (6) 재사용

2. (1) 초래하고   (2) 지정된

(3) 치우는   (4) 동참하는

(5) 처리하지

3. (1) 일정한　　　(2) 우호적인
　　 (3) 전환해　　　(4) 침해하는
　　 (5) 염두에 두고

읽기 1

- ① 지구를 살리는 / 지구를 생각하는 / 지속 가능한
  ② 살기 좋게 만드는 / 깨끗하게 만드는 / 아름답게 변화시키는
  ③ 여행 중에는 현지인이 생산한 제품을 구매해 써 보도록 하자.

읽기 2

1. (1) 여행 숙소를 운영하게 되면서 쓰레기 문제의 심 각성을 느끼고 쓰레기를 줄이는 일을 포함해 지 역의 다양한 환경 보호 활동에도 참여하고 있다.
　　 (2) ・ 장을 볼 때 – 장바구니를 들고 다닌다든가 음 식을 용기에 담아 온다든가 함.
　　　 ・ 손님들에게 비누를 제공할 때 – 손님들에게 고체로 된 세제와 비누를 잘라서 제공함.

　모범 답안
　　 (3) 삶에도 긍정적인 영향을 미칠 수 있을 것입니다.

어휘 늘리기

　모범 답안
2. 파비우 – "이번 학기 성적이 너무 나빠서 부모님에 게 낯을 들 수가 없어요."
　　 마크 – "육회는 왠지 낯익은 음식인데 프랑스에도 비 슷한 음식이 있어서 그런 것 같아요."
　　 올가 – "아이가 낯을 가려서 그런지 계속 울어 대서 참 곤란하더라고요."

11-3 TOPIK 유형으로 확인하기

문법과 표현

1. ③　　**2.** ④　　**3.** ②　　**4.** ①

읽기

1. ④　　**2.** ③　　**3.** ③　　**4.** ④

듣기

1. ①　　**2.** ③　　**3.** ②　　**4.** ④

말하기

　모범 답안
- 하지만 관광 단지의 조성으로 새로운 일자리를 창출 할 수도 있고 또 지역 경제에 도움이 되는 점도 많을 것입니다. 따라서 관광 단지를 조성하면서 단지 안에 처리 시설을 잘 만들어서 쓰레기 배출로 인한 문제를 줄일 수 있도록 한다면 큰 문제는 없을 거라고 생각 합니다.

쓰기

　모범 답안
- 최근 여행 인구가 급격히 증가하면서 전 세계적으로 '과잉 여행'의 문제가 크게 대두되고 있다. 이처럼 여 행 인구가 급증한 데에는 경제 성장에 따른 소득 증 가로 여행을 떠날 여유가 생겼다는 점과 삶에 있어 일과 휴식의 조화를 추구하는 경향이 강해졌다는 점 이 큰 영향을 미쳤다고 할 수 있다.

과잉 여행으로 인해 발생하는 문제에 대해서는 먼저 현지 주민들이 받는 피해와 관련해서 생각해 볼 수 있다. 이러한 관점에서 관광으로 벌어들인 수입을 현 지의 환경이나 생활의 질을 높이는 데에 투자하는 것 이 중요하다. 관광객의 증가에도 불구하고 실제 대다 수 지역의 주민들에게는 별다른 혜택이 돌아가지 않 는 경우도 많기 때문이다. 그리고 과잉 여행은 여행 자들에게도 부정적인 영향을 미치고 있다. 위대한 유 적이나 자연 대신 다른 사람의 뒷모습만 보고 온다든 가 너무 올라 버린 현지 물가 때문에 계획했던 것을 제대로 경험하지 못하게 된다든가 하는 경우가 많아 졌기 때문이다.

이러한 문제를 해결하기 위해서는 새로운 관광지나 문화 체험 위주의 여행 프로그램들을 지속적으로 개 발해 나가야 한다. 또한 새로운 관광지에서도 같은 문 제가 재현되지 않도록 하려면 지역 주민들의 요구를 파악하고 협의해 명확한 전략을 수립해야 한다. 더불 어 여행자 스스로도 유명 관광지에 맹목적으로 가기 보다는 목적에 따라 여행지를 선정하고 여행지 주민 을 배려하면서 여행을 즐겨야 할 것이다. (691자)

CHAPTER 12

대중문화와 미디어

12-1 미디어 환경의 변화

문법 1

연습

1. (1) 일단 시작한 이상 끝까지 해 봐야지.
   (2) 돈을 받은 이상 최선을 다해야죠.
   (3) 결심한 이상 중간에 포기하면 안 된다.

모범 답안

2. (1) 스마트폰 이용 시간을 줄이지 않는 이상 조만간 안경을 쓰게 될 거예요.
   (2) 야식 먹는 습관을 고치지 않는 이상 위장병에 걸릴지도 몰라요.

문법 2

연습

1. (1) 대학교 때 성적은 말할 것도 없고 면접시험도 잘 봐야 해요.
   (2) 가 회사 홈페이지에 홍보 영상을 올려야겠죠?
      나 회사 홈페이지는 말할 것도 없고 SNS에도 홍보 영상을 올려야죠.
   (3) 가 한국 회사에 취직하려면 한국어가 능숙해야 되나요?
      나 한국어가 능숙해야 하는 건 말할 것도 없고 한국의 직장 문화도 잘 알아야 돼요.

모범 답안

2. (1) 미래에는 산꼭대기에서는 말할 것도 없고 바다 한가운데에서도 방송을 시청할 수 있을 거예요.
   (2) 미래의 방송국에서는 방송 작가는 말할 것도 없고 PD도 인공 지능으로 대체될 지도 몰라요.

듣기 어휘

1. (1) 시나리오 (2) 텍스트
   (3) 소감 (4) 흐름
   (5) 저작권

2. (1) 삽입되었다 (2) 뒤엎고
   (3) 예고했다 (4) 폄하하는
   (5) 접목되어 (6) 규제하기로 했다

3. (1) 혁명적 (2) 입력하는
   (3) 생성하는 (4) 공식
   (5) 생태계

듣기 1

1. 서준은 조카와 차를 타고 가면서 라디오를 들었는데 초등학생인 조카가 라디오가 뭔지 잘 몰라서 깜짝 놀랐다.

2. 서준 – 라디오에 사연을 보내고 자신의 사연이 소개되기를 기다렸다.
   레나 – 한국에 온 지 얼마 안 됐을 때 좋아하는 아이돌이 진행하는 라디오 방송을 들으면서 위로를 받았다.

듣기 2

1. ②

2. 작가, 배우, 감독이 하던 일을 모두 AI가 해서 사람이 필요 없어졌고 제작 기간은 짧아졌다.

3. 생산자가 입력하는 내용에 따라 기존 콘텐츠들의 패턴을 분석하여 새로운 텍스트나 이미지, 영상 같은 미디어를 생성할 수 있는 시스템이다.

4. 기술의 발전, 자연스러운, 시대의 흐름이다

12-2 뉴 미디어 시대의 과제

문법 1

연습

1. (1) 무시한다기보다는
   (2) 엄마가 동생을 더 사랑한다기보다는 동생이 어리니까 더 챙기시는 걸 거예요.
   (3) 일을 못해서라기보다는 일을 잘 가르쳐 주시려고 그러실 수도 있어요.

모범 답안

2. (1) 실물 배우의 자리가 사라진다기보다는 인간의 감정과 경험에 의한 연기가 더 중요해질 것이다.
   (2) 화석 연료와 관련된 산업이 몰락한다기보다는 탄소 배출 등과 관련된 기술이 더 발달하게 될 것이다.

문법 2

연습

1. (1) 우리 애는 채소는 안 먹고 고기만 먹으려고 들어서 걱정이에요.
   (2) 우리 애는 방에서 혼자 책만 읽으려고 들어서 걱정이에요.
   (3) 우리 애는 공부를 전혀 안 하려고 들어서 걱정이에요.

모범 답안

2. (1) 지방 회사 대표: 요즘 청년들은 대도시로만 가려고 들어서 저희 같은 회사는 항상 인력난에 시달립니다.

   구직자: 지방에 있는 회사들도 서울에서 대학을 졸업한 사람들만 뽑으려고 들어요.

   (2) 건설업 관계자: 요즘 청년들은 힘들고 위험한 일은 싫어하고 사무직이나 편한 일만 하려고 들어서 사람 구하기가 힘듭니다.

   구직자: 건설업의 경우에는 사무실보다 월급은 적게 주면서 현장에서 힘든 일만 시키려고 드는 데가 많아요.

읽기 어휘

1. (1) 디지털   (2) 디톡스
   (3) 도파민   (4) 밈
   (5) MZ 세대

2. (1) 솟구쳤다   (2) 강화할
   (3) 급부상하고   (4) 유도해야
   (5) 간결하게

3. (1) 직관적   (7) 효율적
   (3) 연관성   (4) 창의적
   (5) 측면

읽기 2

1. 숏폼 – 짧은 길이의 콘텐츠로 보통 몇 초에서 몇 분 정도의 길이를 가지는 영상이나 글
   문해력 – 정보를 분석하고 비판적으로 사고하는 능력

2. (1) 신문과 잡지의 짧은 기사, 만화, 라디오와 텔레비전의 짧은 뉴스 클립, 광고, 텔레비전 쇼의 하이라이트

   생활 리듬이 빠른 현대 사회에서 짧은 시간 내에 정보를 소비하고자 하는 욕구가 강한데 숏폼은 이러한 요구를 충족시킬 수 있는 형식이기 때문에

   (2) 숏폼 콘텐츠는 짧은 주의 집중 시간을 요구하고 주로 감정적인 반응을 유도하며 간단한 정보와 짧은 메시지를 전달한다.

   (3) 창의적 사고 – 숏폼의 제작
   교육적 활용 – 숏폼을 활용한 수업
   마케팅 및 비즈니스 – 숏폼을 활용한 상품 광고
   사회적 연결 – 숏폼을 통한 친구 사귀기

12-3 TOPIK 유형으로 확인하기

문법과 표현

1. ③   **2.** ③   **3.** ①   **4.** ④

읽기

1. ③   **2.** ②   **3.** ①   **4.** ②

듣기

1. ①   **2.** ④   **3.** ①   **4.** ①

말하기

모범 답안

- 생성형 AI는 이제 우리 생활에 깊숙이 자리 잡고 있습니다. 일반 가정에서도 가전제품에 AI를 적용하여 스마트홈 기능을 사용하고 있으며 건강 관리나 개인 비서의 역할도 합니다. 또한 교육이나 금융 분야에서도 폭넓게 사용되고 있습니다. 최근에는 AI를 이용해 영화를 만들어 내는데, AI가 시나리오를 쓰고 AI 배우가 연기하며 촬영, 편집까지 모두 AI를 통해 완성된 영화로 영화제를 열기도 했습니다. AI는 이제 우리 생활의 다양한 분야에서 활용되고 있으며 그만큼 우리의 생활을 편하게 만들어 준다고 할 수 있습니다.

쓰기

모범 답안

- 최근 문해력 저하가 심각한 사회 문제가 되고 있다. 주요 원인은 동영상 시청 시간의 증가와 독서량의 감소이다. 손쉽게 동영상 콘텐츠를 접할 수 있게 되면서 책을 읽는 시간이 크게 줄었고, 이로 인해 문장을 읽고 이해하는 능력이 떨어지며 복잡한 텍스트를 해석하는 데 어려움을 겪고 있다. 이러한 문해력 저하는 학습 능력 저하로 이어질 수 있다. 또한 의사소통 능력에도 부정적인 영향을 미쳐 원활한 대화와 관계 형성이 어려워질 수 있다. 따라서 독서 습관을 길러 주는 등 문해력을 높이기 위한 다양한 교육적 노력이 필요하다. (289자)

7-1 경기의 규칙

듣기 1

심 판 서티, 러브

캐스터 권정현 선수, 이제 승리까지 단 두 포인트를 남겨 놓고 있습니다. 두 세트를 연달아 내주면서 힘든 경기가 되지 않을까 싶었는데 세트 스코어 2대2를 만들고 이제 역전을 바로 눈앞에 두고 있습니다. 역시 대단합니다.

해설자 맞습니다. 프로로 전향한 지 불과 3년 만에 세계적인 선수들과 어깨를 나란히 하는 모습을 보면 정말 자랑스럽지 않을 수 없습니다. 작년에 한국 선수 최초로 메이저 대회 16강에 진출했고 올해는 준결승에 올라 세계 랭킹 2위와 맞붙고 있습니다.

캐스터 아, 중요한 순간에 서브 에이스입니다. 이제 마지막 한 포인트 남았군요. 권정현 선수, 이 포인트를 따 내면 대한민국 선수 최초로 메이저 대회 결승 진출이라는 쾌거를 이루게 되는데요. 모든 이목이 집중되는 순간입니다.

여자 요즘 저 선수 때문에 한국에 테니스 붐이 일어났다면서?

남자 맞아. 박세리 선수를 보고 골프를 시작한 '세리 키즈'처럼 테니스를 배우는 아이들이 많아졌대. 테니스의 유행을 이끈 장본인인 셈이지. 아시아권 남자 선수가 메이저 대회에서 우승한 적이 아직 한 번도 없거든.

여자 정말 대단하네. 그런데 나는 테니스에 문외한이라서 그런지 중계 내용을 들어도 무슨 말인지 하나도 모르겠어. 탁구나 배드민턴하고 경기 방법은 비슷한 것 같은데 점수 매기는 방법은 다른 것 같고 용어도 생소해. 0점을 러브라고 부르는 거야?

남자 응, 맞아. 0점을 러브라고 불러. 득점을 못해도 테니스에 대한 사랑으로 경기를 한다는 뜻이래. 또 상대방에 대한 배려로 사랑스럽게 부르는 것일 수도 있다는데 맞는지는 모르겠어.

여자 그래? 테니스는 진짜 낭만적인 스포츠구나.

듣기 2

진행자 최근 테니스 열풍이 심상치 않습니다. 몇 년 전부터 젊은 층을 중심으로 골프의 인기가 높아졌는데 이들이 높은 비용 등의 이유로 테니스로 옮겨 가면서 테니스 인구가 급증하고 있습니다. 특히 2030을 중심으로 '테린이'라는 신조어를 만들어 내며 패션 및 유통 업계에도 큰 변화를 일으키고 있는데요. 오늘은 이진우 교수님을 모시고 테니스에 대한 이야기를 해 볼까 합니다. 교수님, 안녕하세요?

교수 네, 안녕하세요?

진행자 교수님, 저희가 먼저 테니스의 유래부터 살펴보는 게 좋을 것 같은데요. 테니스는 언제, 어떻게 시작된 운동인가요?

교수 테니스의 시초는 11세기경 유럽의 귀족과 성직자들이 즐겼던 '라뽐므(la paume)'라는 경기로 알려져 있는데요. 이때는 손바닥을 사용한 볼 경기였는데 이후 라켓을 사용하기 시작해 현재 테니스의 형태로 이어졌다고 합니다.

진행자 아, 테니스도 유럽에서 탄생한 스포츠군요. 그럼 테니스 경기 방식에 대해서도 간단히 설명해 주시겠습니까?

교수 네, 테니스 경기는 포인트(point), 게임(game), 세트(set), 매치(match)의 네 단계로 구성되는데 가장 작은 점수 단위가 포인트입니다. 우리가 테니스 경기를 볼 때 공격에 성공하거나 실패하면 1점을 얻게 되는데 이것을 포인트라고 합니다. 이렇게 4포인트가 모이면 1게임을 얻게 되고 6게임을 먼저 얻으면 한 세트를 이기는 구조입니다. 보통 남자 경기는 5세트 중 3세트를, 여자 경기는 3세트 중 2세트를 이기면 경기에서 승리하게 됩니다. 따라서 경기의 승패를 결정짓는 마지막 세트의 마지막 포인트를 '매치 포인트(match point)'라고 합니다.

진행자 그런데 저 같은 문외한들이 보기에는 포인트를 세는 방식이 좀 독특하고 복잡하던데요.

교수 따지고 보면 다른 경기들과 비슷한데 아마도 점수를 부르는 법이 좀 달라서 그런 것 같습니다. 포인트를 숫자 그대로 0점, 1점 등으로 부르는 대신 0점은 '러브(love)', 1점은 '피프틴(fifteen)', 2점은 '서티(thirty)', 3점은 '포티(forty)'로 부르는데 이에 대한 정확한 유래는 아직 밝혀진 바가 없습니다. 다만 '러브'는 숫자 0이 달걀 모양과 비슷해서 프랑스어로 '뢰프(l'œuf)'라고 불렀고, 이후 영어권 국가에서 '러브'라는 발음으로 바뀌었다는 설이 가장 유력하고 'to play for love'에서 비롯됐다는 설도 있습니다. 또 15점 단위로 점수를 세는 것은 테니스가 시작된 중세 프랑스에서는 점수를 시계 형태의 기구로 계산했는데, 한 번 이길 때마다 15분씩 이동했고 네 번 이길 경우 한 바퀴를 돌아 제자리로 돌아온다는 것에서 유래됐다는 설이 가장 설득력이 있어 보입니다.

진행자 그럼 3점은 '포티 파이브(forty five)'로 불러야 할 것 같은데 왜 '포티(forty)'로 부르는 걸까요?

교수 '포티(forty)'로 부르는 이유도 정확하지는 않지만 음절이 길어서 편의상 그렇게 불렀다고 합니다.

진행자 테니스는 점수와 관련된 것뿐만 아니라 다른 용어들도 좀 특별하던데요.

교수 네, 그래서 한 유명 선수는 이런 명언을 남기기도 했습니다. "테니스는 인생의 언어를 사용한다. 어드밴티지(advantage), 서비스(service), 폴트(fault), 브레이크(break), 러브(love). 그래서 모든 테니스 경기는 우리 삶의 축소판인 셈이다."라고요.

7-3 TOPIK 유형으로 확인하기

듣기

1.

앵커 테니스, 배드민턴, 배구 등 체육 시설의 예약이 온라인 예약으로 바뀌면서 인터넷 사용이 미숙하고 손이 느린 노인들에게 말 그대로 '그림의 떡'이 되고 있습니다. 서울시에 따르면, 9월 중 서울시가 관리하는 8개 테니스장 이용자의 45%는 40~59세, 43%는 40세 미만인 반면 60세 이상은 12%에 불과합니다. 국내 1만 테니스 인구 중 60대 이상이 30% 수준인 걸 고려하면 테니스장을 청년과 장년이 거의 다 사용하고 있는 셈입니다. 배드민턴 역시 60세 이상 시설 이용자 비율은 14%로 40~59세(77%)에 비해 훨씬 낮습니다.

2.

여자 요즘 저 선수 때문에 한국에 테니스 붐이 일어났다면서?

남자 맞아. 박세리 선수를 보고 골프를 시작한 '세리 키즈'처럼 테니스를 배우는 아이들이 많아졌대. 테니스의 유행을 이끈 장본인인 셈이지. 아시아권 남자 선수가 메이저 대회에서 우승한 적이 아직 한 번도 없거든.

여자 정말 대단하네. 그런데 나는 테니스에 문외한이라서 그런지 중계 내용을 들어도 무슨 말인지 하나도 모르겠어. 탁구나 배드민턴하고 경기 방법은 비슷한 것 같은데 점수 매기는 방법은 다른 것 같고 용어도 생소해. 0점을 러브라고 부르는 거야?

남자 응, 맞아. 0점을 러브라고 불러. 득점을 못해도 테니스에 대한 사랑으로 경기를 한다는 뜻이래. 또 상대방에 대한 배려로 사랑스럽게 부르는 것일 수도 있다는데 맞는지는 모르겠어.

여자 그래? 테니스는 진짜 낭만적인 스포츠구나.

3-4.

진행자 최근 테니스 열풍이 심상치 않습니다. 몇 년 전부터 젊은 층을 중심으로 골프의 인기가 높아졌는데 이들이 높은 비용 등의 이유로 테니스로 옮겨 가면서 테니스 인구가 급증하고 있습니다. 특히 2030을 중심으로 '테린이'라는 신조어를 만들어 내며 패션 및 유통 업계에도 큰 변화를 일으키고 있는데요. 오늘은 이 테니스에 대한 이야기를 해 볼까 합니다. 테니스는 점수의 명칭이 좀 독특합니다. 숫자 그대로 0점, 1점 등으로 부르는 대신 0점은 '러브(love)', 1점은 '피프틴(fifteen)', 2점은 '서티(thirty)', 3점은 '포티(forty)'로 부르는데 이들에 대한 정확한 유래는 아직 밝혀진 바가 없습니다. 다만 '러브'는 숫자 0이 달걀 모양과 비슷해서 프랑스어로 '뢰프(l'œuf)'라고 불렀고, 이후 영어권 국가에서 '러브'라는 발음으로 바뀌었다는 설이 가장 유력하고 'to play for love'에서 비롯됐다는 설도 있습니다. 또 15점 단위로 점수를 세는 것은 테니스가 시작된 중세 프랑스에서 점수를 시계 형태의 기구로 계산해서 한 번 이길 때마다 15분씩 이동했고 4번 이길 경우 한 바퀴를 돌아 제자리로 돌아온다는 것에서 유래됐다는 설이 가장 설득력이 있어 보입니다.

말하기

기자 　최근 MZ 세대를 중심으로 테니스에 대한 인기가 식을 줄 모르고 있습니다. 골프와 같은 고급 스포츠에 대한 관심이 높아지면서 관련 사업도 영향을 받고 있는데, 특히 테니스 용품과 의류의 매출이 눈에 띄게 늘고 있습니다.

CHAPTER 8

현대인의 정신 건강

8-1 중독관리

듣기 1

남자 　내 말 듣고 있어?

여자 　어? 뭐라고? 미안. 내가 못 들어서 그러는데 다시 말해 줄래?

남자 　너 휴대폰 보느라 내가 하는 말을 듣는 둥 마는 둥 하는 것 같은데 휴대폰 좀 내려 놓으면 안 될까?

여자 　아, 미안. 잠깐 휴대폰으로 뭘 좀 찾아본다는 게 그만 휴대폰을 계속 보고 있었네.

남자 　요즘 스마트폰 중독이 심각하다던데 너도 그런 거 같아 보인다.

여자 　에이, 난 그 정도는 아니야.

남자 　너 그럼 내 질문에 대답해 봐. 아침에 눈 뜨자마자 휴대폰부터 본다. O, X?

여자 　아, 그건 오지. 몇 시인지, 누구한테 온 메시지는 없는지 확인하는 건 당연한 거 아냐?

남자 　자, 두 번째! 화장실 갈 때 휴대폰을 들고 간다. O, X?

여자 　에이, 화장실 갈 때 심심하잖아. 당연히 들고 가지.

남자 　세 번째 질문! 휴대폰 보면서 걷다가 넘어지거나 횡단보도에서 빨간불인데도 건너갈 뻔한 적이 있다? 없다?

여자 　아, 사실 어제 넘어질 뻔하긴 했어. 그래도 횡단보도에서는 아직까지 빨간불에 건넌 적은 없었어.

남자 　너 진짜 위험해. 그러다 진짜 사고 나는 수가 있어. 요즘 휴대폰 보면서 걷느라 신호등이 빨간불인데도 건너는 사람들이 많아서 횡단보도 시작되는 곳 바닥에 빨간불, 파란불이 들어오게 해 놓았잖아. 이제 보니 너 이미 스마트폰 중독이라고 해도 과언이 아닌 것 같아.

여자 　한 번 넘어질 뻔한 거 가지고 중독이네 어쩌네 하는데 잔소리는 그만했으면 해. 너 계속 이렇게 잔소리하면 내가 네 앞에서만 네, 네 하고 딴 데서 계속 휴대폰 본다고.

남자 　그래. 내가 백날 얘기해 봤자 네가 귓등으로 들으면 무슨 소용이 있겠어. 본인의 의지가 중요하지.

듣기 2

상담사 　오늘 여기 오신 분들은 무언가의 중독에서 벗어나기 위해 이 자리에 모이셨습니다. 다들 왜 이 자리에 오게 되었는지 돌아가면서 이야기해 볼까요?

여자 1 　저는 365일 중에 360일 정도 술을 마셨습니다. 일 끝나면 술 마시고 사람들 만나면 술 마시고 놀러 가면 술 마시기 일쑤였지요. 처음에는 주량이 소주 한 병이었는데 내성이 생겨서 그런지 한 병만 마셔서는 마신 것 같지 않더라고요. 그렇게 한 병, 두 병, 세 병 주량이 늘었어요. 그런데 어느 날부터 금단 증상인지 술을 안 마시면 오한이 들어 몸이 계속 떨리는 데다 불안함도 멈추지 않았어요. 그래서 술에 의존하게 되고 끊었다가 다시 마시고 이런 악순환의 반복이었지요. 이래서는 안 되겠다 싶어서 상담 센터를 찾아봤는데 이런 자리가 있다고 추천해 주셔서 오게 되었습니다.

남자 　저는 도박 중독 때문에 이 자리에 오게 되었는데요. 처음에는 간단하게 온라인 카드 게임으로 시작했어요. 그런데 돈을 따게 됐을 때의 짜릿한 쾌감이란 이루 말할 수 없더라고요. 일확천금을 꿈꾸면서 어느새 부모님 몰래 등록금까지 가져다가 도박을 하고 있는 저를 발견하게 됐습니다. 그렇게 계속 도박을 하다가는 일확천금은커녕 가지고 있던 재산도 다 잃고 가족도 다 떠날 것 같더라고요. 행운에 대한 기대를 버리면 행복이 온다는 마음을 가지고 저의 인생과 저의 가족을 위해 이 자리에 오게 되었습니다.

여자 2 다른 분들이 보시기에 자잘해 보일지 모르겠지만 저는 탄수화물 중독, 카페인 중독, 스마트폰 중독에 시달리고 있습니다. 기본적으로 제가 자제력이 좀 없는 편인 것 같아요. 뭘 하기만 하면 좋게 말해서 몰입하고 나쁘게 말하면 집착을 하는 편입니다. 제가 빵순이라서 하루라도 빵이나 케이크를 먹지 않으면 허전함을 느끼고요. 커피도 두세 잔으로는 성에 차지 않아서 하루에 다섯 잔 정도 마십니다. 그리고 가장 심하게 집착하는 게 휴대폰인데요. 동영상을 끊임없이 계속 보는데 주로 짧은 동영상 위주로 보다 보니 주의력이 떨어져서 긴 시간 동안 뭔가를 하는 게 힘들어졌습니다. 게다가 휴대폰을 손에 쥐고 있어야 편안함을 느껴서 잠잘 때 빼고는 항상 손에 들고 있고요. 이런 제 자신을 고치고 싶어서 여기에 왔습니다.

상담사 잘 오셨습니다. 알코올 중독이나 도박 중독만 중독이 아니라 무엇이든 과하게 집착하면 중독이라고 할 수 있지요. 다음 분은 어떤 것에 중독되어 있으십니까?

8-3 TOPIK 유형으로 확인하기

듣기

1.

기자 한 데이터 조사 기관에서 한 달간 전국의 스마트폰 이용자 4,000명을 대상으로 조사한 결과 우리나라 사람들은 하루에 2시간 이상 스마트폰을 사용하는 것으로 나타났습니다. 하루에 식사 시간이 보통 2시간이 안 된다는 점을 생각하면 배를 채우는 것보다 스마트폰을 사용하는 데 더 많은 시간을 쓰는 셈입니다. 조사에 따르면 10대가 2시간 50분으로 가장 길었고 연령대가 높아질수록 사용 시간이 짧아져 50대 이상은 1시간 28분 정도인 것으로 나타났습니다.

2.

남자 너 휴대폰 보느라 내가 하는 말 듣는 둥 마는 둥 하는 것 같은데 휴대폰 좀 내려 놓으면 안 될까?

여자 아, 미안. 잠깐 휴대폰으로 뭘 좀 찾아본다는 게 그만 휴대폰을 계속 보고 있었네.

남자 너 스마트폰 중독이라고 해도 과언이 아닌 것 같아. 스마트폰 좀 줄여.

여자 잔소리 좀 하지 마. 너 계속 이렇게 잔소리하면 내가 네 앞에서만 네, 네 하고 딴 데서 계속 휴대폰 본다고.

남자 그래. 내가 백날 얘기해 봤자 네가 귓등으로 들으면 무슨 소용이 있겠어. 본인의 의지가 중요하지.

3-4.

여자 다른 분들이 보시기에 자잘해 보일지 모르겠지만 저는 탄수화물 중독, 카페인 중독, 스마트폰 중독에 시달리고 있습니다. 기본적으로 제가 자제력이 좀 없는 편인 것 같아요. 뭘 하기만 하면 좋게 말해서 몰입하고 나쁘게 말하면 집착을 하는 편입니다. 제가 빵순이라서 하루라도 빵이나 케이크를 먹지 않으면 허전함을 느끼고요. 커피도 두세 잔으로는 성에 차지 않아서 하루에 다섯 잔 정도 마십니다. 그리고 가장 심하게 집착하는 게 휴대폰인데요. 동영상을 끊임없이 계속 보는데 주로 짧은 동영상 위주로 보다 보니 주의력이 떨어져서 긴 시간 동안 뭔가를 하는 게 힘들어졌습니다. 게다가 휴대폰을 손에 쥐고 있어야 편안함을 느껴서 잠잘 때 빼고는 항상 손에 들고 있고요. 이런 제 자신을 고치고 싶어서 여기에 왔습니다.

말하기

남자 최근 커피 소비량이 늘면서 카페인 중독에 시달리는 사람들도 많아지고 있습니다. 농림축산식품부의 발표 자료를 통해 커피 소비량이 얼마나 늘었는지, 그리고 그로 인해 어떤 사회 현상이 생겼는지 알아봤습니다.

CHAPTER 9

가치관의 변화

9-1 일과 삶의 조화

남자 오늘은 공무원으로 일하다가 퇴사한 후 카페를 운영하고 계시는 김희진 씨와 이야기 나눠 보겠습니다. 안녕하십니까?

여자 네, 안녕하세요.

남자 공무원으로 약 1년간 일하셨다고 들었습니다. 어렵게 공무원이 되셨을 텐데 일찍 그만두게 된 이유가 무엇인가요?

여자 제 주변에서도 많이들 궁금해하셨는데요. 공무원은 임금은 조금 낮아도 연금과 안정성이 보장되니까 사람들이 선호하는 직업이죠. 저도 그런 생각으로 열심히 공무원 시험을 준비했고요. 그런데 막상 일을 해 보니 반복적인 업무가 적성에 맞지 않았고 무엇보다 경직된 조직 문화 때문에 너무 힘들었습니다. 제가 있었던 부서에서는 업무에 대해 자유롭게 의견을 내기 어려웠거든요. 이런 분위기에서는 일의 의미를 찾을 수 없겠다는 생각이 들어서 더 늦기 전에 적성에 맞는 일을 찾기 위해 퇴사를 결심하게 됐습니다.

남자 그렇군요. 그럼 퇴사하기 전부터 카페를 차리겠다는 계획을 세우신 건가요?

여자 그건 아닌데요. 제가 평소에 커피에 관심이 많아서 일하는 동안 바리스타 자격증도 따고 커피 공부도 꾸준히 했었습니다. 그래서 퇴사할 때쯤 자연스럽게 카페를 차려 보면 어떨까 하는 생각을 하게 됐죠. 사실 카페를 운영하면서 고생도 많이 했고 앞으로도 어려움을 겪게 될 테지만 제가 좋아하는 일로 수익을 올릴 수 있어서 정말 만족하고 있습니다.

남자 네, 요즘은 10명 중 6명의 청년들이 첫 번째 직장에서 일하다가 2년 안에 퇴사를 한다고 하는데 마지막으로 김희진 씨처럼 퇴사 후 또 다른 진로를 모색하는 청년들에게 한 말씀 부탁드립니다.

교수 요즘 젊은 직장인들은 일과 삶의 균형, 즉 워라밸을 중요하게 여기고 있는데요. 사실 워라밸은 최근에 생긴 개념은 아닙니다. 1970년대 후반에 처음 등장했을 때는 '일과 가정생활의 균형'을 의미했습니다. 그런데 개념이 확대되어 '일과 개인 생활의 균형'이라는 의미로 쓰이게 되었습니다. 혼인율이 감소하고 1인 가구가 증가하면서, 퇴근 후 가정생활뿐만 아니라 여가 활동이나 자기 계발을 위한 시간을 가지려는 사람들이 많아졌기 때문이죠.

진행자 그렇군요. 워라밸을 추구하는 사람들이 많아지면서 구직자들이 구직 활동을 할 때 중요하게 생각하는 조건도 점점 달라지고 있다고 들었습니다.

교수 네, 예전에는 구직 활동을 할 때 임금과 일자리 안정성, 그리고 기업 규모에 큰 비중을 두었지만 최근에는 근무 여건의 비중도 커져서 임금이 조금 낮더라도 근무 여건이 좋은 기업을 선호하는 사람들이 늘고 있습니다. 여기에서 근무 여건이란 근무 시간과 근무 장소를 얼마나 자유롭게 선택할 수 있느냐, 그리고 거주 지역이 직장과 얼마나 가까우냐 등을 뜻하는데, 일자리를 선택할 때 근무 여건을 비중 있게 따진다는 것은 그만큼 직장인들이 워라밸을 중요한 가치로 여긴다는 것을 보여 줍니다.

진행자 퇴근 후 여유롭게 내 시간을 즐기는 삶. 직장인이라면 누구나 생각해 봤을 법한데요. 그런데 저는 일과 개인의 생활을 분리하는 것이 과연 최선의 선택인가 하는 의문이 들기도 합니다. 워라밸을 추구한다는 생각의 기저에는 일보다 퇴근 이후의 삶이 훨씬 더 중요하다는 의식이 깔려 있는 것 같거든요.

교수 네, 그런 면을 지적하는 사람들도 있습니다. 잘 아실 테지만 워라밸이라는 개념이 등장하기 전에는 사회적으로 일을 우선시하는 분위기가 강했는데요. 한국에서 워라밸 열풍이 분 것도 과거 일 중심적인 생활에 대한 반감이 어느 정도 작용한 게 아닐까 싶습니다. 그런 배경에서 본다면 워라밸을 지키고자 하는 욕구는 자연스러운 것이라고 할 수 있죠. 하지만 최근에는 90년대 중반 이후에 출생한 젊은 세대를 중심으로 일과 삶의 관계에 대한 가치관이 변화하고 있습니다. 혹시 진행자 ‘워라블’이라는 단어를 들어보신 적이 있습니까?
네, 들어봤습니다. 일과 삶의 조화를 의미하는 신조어죠?

교수 맞습니다. ‘워라블’은 일과 개인의 생활을 분리하지 않고 적절하게 섞는 것을 의미합니다. 예를 들면 동호회 모임에서 얻은 정보나 일상생활에서 얻은 아이디어를 업무에 적용하는 것도 워라블이라고 할 수 있습니다. 취미를 직업으로 삼는 것도 그러하고요. 워라블을 추구하는 사람은 일을 경제적 안정성을 위한 수단으로만 여기지 않기 때문에 자신의 성장에 도움을 주는 일을 찾길 원합니다. 즉 좋아하는 일을 하면서 만족감과 성취감을 느끼며 나아가 일을 통해 자신의 정체성을 찾고자 하는 것이죠.

9-3 TOPIK 유형으로 확인하기

듣기

1.
남자 유민아, 왜 실버타운을 검색하고 있어?

여자 아버지가 좀 알아보라고 하셔서. 지금은 할머니가 부모님이랑 같이 살고 계시는데 할머니는 같이 사는 게 불편하신지 실버타운에 들어가고 싶다고 하셨대.

2.
남자 퇴사하기 전부터 카페를 차리겠다는 계획을 세우셨나요?

여자 그건 아닌데요. 제가 평소에 커피에 관심이 많아서 일하는 동안 바리스타 자격증도 따고 커피 공부도 꾸준히 했었습니다. 그래서 퇴사할 때쯤 자연스럽게 카페를 차려 보면 어떨까 하는 생각을 하게 됐죠. 사실 카페를 운영하면서 고생도 많이 했고 앞으로도 어려움을 겪게 될 테지만 제가 좋아하는 일로 수익을 올릴 수 있어서 정말 만족하고 있습니다.

3-4.
여자 요즘 직장인들이 워라밸을 지키고자 하는 욕구가 큰 이유가 바로 그런 배경에서 온 것이군요.

남자 네, 맞습니다. 한국에서 워라밸 열풍이 분 것은 그런 반감이 어느 정도 작용했기 때문이라고 볼 수 있습니다. 하지만 최근에는 90년대 중반 이후에 출생한 젊은 세대를 중심으로 일과 삶의 관계에 대한 가치관이 변화하고 있습니다. 아마 ‘워라블’이라는 단어를 들어 보셨을 텐데요. 워라블은 일과 개인의 생활을 분리하지 않고 적절하게 섞는 것을 의미합니다. 예를 들면 동호회 모임에서 얻은 정보나 일상생활에서 얻은 아이디어를 업무에 적용하는 것도 워라블이라고 할 수 있습니다. 취미를 직업으로 삼는 것도 그러하고요. 워라블을 추구하는 사람은 일을 경제적 안정성을 위한 수단으로만 여기지 않기 때문에 자신의 성장에 도움을 주는 일을 찾길 원합니다. 즉 좋아하는 일을 하면서 만족감과 성취감을 느끼며 나아가 일을 통해 자신의 정체성을 찾고자 하는 것이죠.

말하기

남자 만 65세 이상의 고령 인구가 늘면서 경제 활동에 참여하는 고령층도 늘고 있습니다. 통계청의 경제 활동인구 조사 자료를 통해 고령층이 일자리를 원하는 이유가 무엇인지 알아봤습니다.

CHAPTER 10
예술을 보는 눈

10-1 다양한 예술의 세계

듣기 1

레나 이번 주말부터 시립 미술관에서 팝 아트 전시회를 한다는데 같이 가 보지 않을래?

박서준 팝 아트 전시회? 어떤 작가들의 작품을 전시하는데?

레나 앤디 워홀, 키스 해링 같은 작가들의 작품을 전시한대. 대표적인 팝 아트 작가들의 작품을 동시에 볼 수 있는 흔치 않은 기회야!

박서준 글쎄, 난 별로 가고 싶지 않은걸. 팝 아트는 너무 상업적이라는 생각이 들어서 꼭 전시회까지 가서 봐야 하는지 잘 모르겠어. 전시회에 가지 않더라도 생활용품이나 문구, 옷 등에서도 팝 아트 작품들을 쉽게 볼 수 있잖아. 심지어 얼마 전에는 아이들이 타는 자전거에도 팝 아트 작품 이미지가 사용된 걸 봤다니까?

레나 그렇긴 해도, 제품에 사용된 이미지를 보는 거랑 전시회에서 진짜 작품을 보는 건 좀 다를 거야.

박서준 솔직히 난 그런 게 예술인지도 잘 모르겠어. 만화나 광고 같은 이미지를 그냥 가져다 놓고 뭐라도 되는 듯이 전시해 놓으면 그런 것이 예술이 될 수 있을까? 예술은 아름다움과 감동을 주는 것이라고 생각하는데 팝 아트는 그런 느낌이 안 들거든. 마치 인기 있는 만화 캐릭터가 들어가 있는 제품처럼 팝 아트 제품이 팔리고 있는데 사람들이 거기에서 무슨 감동을 느낄 수 있겠어.

레나 그건 네가 '예술은 이래야 한다'라는 고정관념이 있기 때문이 아닐까? 팝 아트는 기존의 예술과는 달리 아름다움보다는 즐거움을 추구하고 현실을 풍자하는 데에 초점을 맞추거든. 그리고 팝 아트 작가들은 대중문화와 일상에서 영감을 얻어 예술 작품을 만들었기 때문에 결국 예술이 더 많은 사람들에게 다가갈 수 있게 했다고 할 수 있지.

박서준 그래? 팝 아트에 그런 의미가 있었구나. 그럼 이번 기회에 전시회에 가서 팝 아트에 대해서 좀 더 알아볼까? 내가 정확히 잘 알지도 못하고 편견을 좀 가지고 있었던 것 같네.

듣기 2

도슨트 1917년, 1차 세계 대전 중에 뉴욕에서 열린 전시회에 한 남자가 가명으로 이상한 작품을 제출했습니다. 바로 이 작품, 지금 우리가 보는 마르셀 뒤샹의 '샘'이라는 작품입니다. 평범한 하얀색 도자기 소변기에 서명만 있는 이 작품은 당시 미술계에 엄청난 파장을 일으켰습니다.
'샘'은 단순한 소변기가 아닙니다. 뒤샹은 이 작품을 통해 예술 작품이 반드시 숙련된 기술을 통해 아름다운 형태로 만들어져야 하는가, 예술가가 직접 만든 것이어야 하는가, 그리고 예술 작품의 가치는 누가 결정하는가에 대한 질문을 던졌습니다. 또한 '샘'은 당시에는 없었던 '레디메이드'라는 새로운 예술적 전략을 보여 줍니다. 레디메이드란 '이미 만들어져 있는 것'이라는 의미로 일상생활에서 쉽게 찾아볼 수 있는 대상을 그대로 작품으로 활용하는 것을 말합니다. 뒤샹은 '샘'을 통해 예술 작품의 창조 과정 자체가 아닌, 작가의 선택과 해석이 예술의 중요한 요소임을 강조했는데 바로 이것이 '개념 미술'의 시작이라 할 수 있습니다.
'샘'의 등장은 사람들이 예술을 판단하는 기준을 완전히 뒤바꿔 놓았습니다. 예술 작품이 무엇인지, 누가 예술가인지, 그리고 예술의 가치는 무엇인지에 대한 기존의 개념을 깨뜨리고 예술의 가능성을 무한하게 확장시켜 예술의 새 지평을 열었다는 평가를 받고 있습니다.

관객 1 이게 그 유명한 마르셀 뒤샹의 '샘'이구나. 정말 대단하지 않아? 소변기를 하나의 예술품으로 만들다니!

관객 2 이게 대단하다고? 예술이라고 하면 오랜 시간의 전문적인 훈련과 연습을 통해 실력을 쌓은 작가가 직접 창작하고 만들어야 하는 거 아니야? 소변기를 두고 작품이라고 말하려면 최소한 색칠이라도 했어야지. 이렇게 그냥 아무 물건이나 가져다 놓고 예술이라고 한다면 나도 내일 당장 예술가가 될 수 있겠네.

관객 1 그래, 맞아! 뒤샹이 하고 싶었던 말이 바로 그거야! 우리도 마음만 먹으면 언제든지 예술가가 될 수 있다는 거지. 뒤샹은 무엇을 어떻게 만드는지가 중요한 것이 아니라 작가가 어떤 선택과 해석을 하는지가 중요하다는 걸 말해 준 거야. 그러니까 '샘'은 우리에게 일상에서 예술을 발견하는 새로운 시각을 갖게 해준 작품인 거지.

관객 2 그래도 난 아직 납득이 안 가는걸. 예술은 아름다움과 수준 높은 예술성으로 보는 사람의 마음을 움직일 수 있어야 한다고 생각하는데 이런 걸 예술이라고 부르기에는 좀 …

관객 1 예술이란 원래부터 주관적인 개념이라 세상 모든 사람이 같은 생각을 가질 수는 없다고 봐. 중요한 건 우리가 이 작품을 통해 예술에 대한 새로운 가능성을 생각하고, 다양한 관점에서 예술을 이해하려고 노력하면 되는 거야.

관객 2 네가 하는 말이 무슨 말인지는 알겠는데 그래도 난 여전히 이해가 안 된다.

듣기

1.

남자 아니, 왜 전시회에 찢어진 그림이 걸려 있는 거지? 빨리 여기 전시회 관리자에게 얘기해야 하는 거 아니야?

여자 아니야, 저건 작가가 의도적으로 찢어진 그림을 전시해 둔 거야. 이 작가만의 특이한 표현 방식이지.

남자 멀쩡한 그림을 찢어서 전시하는 게 이 작가의 특징이라고?

2.

여자 주말에 팝 아트 전시회 같이 안 갈래? 앤디 워홀이나 키스 해링 같은 대표적인 팝 아트 작가들의 작품을 한 곳에서 볼 수 있는 흔치 않은 기회야!

남자 글쎄, 난 별로 가고 싶지 않은걸. 팝 아트는 너무 상업적이라는 생각이 들어서 꼭 전시회까지 가서 봐야 하는지 잘 모르겠어. 전시회에 가지 않더라도 생활용품이나 문구, 옷 등에서도 팝 아트 작품들을 쉽게 볼 수 있잖아.

여자 그렇긴 해도, 제품에 사용된 이미지를 보는 거랑 전시회에서 진짜 작품을 보는 건 좀 다를 거야.

3-4.

여자 1917년, 1차 세계 대전 중에 뉴욕에서 열린 한 전시회에 한 남자가 가명으로 이상한 작품을 제출했습니다. 바로 이 작품, 지금 우리가 보는 마르셀 뒤샹의 '샘'이라는 작품입니다. 평범한 하얀색 도자기 소변기에 서명만 있는 이 작품은 당시 미술계에 엄청난 파장을 일으켰습니다. '샘'은 단순한 소변기가 아닙니다. 뒤샹은 이 작품을 통해 예술 작품이 반드시 숙련된 기술을 통해 아름다운 형태로 만들어져야 하는가, 예술가가 직접 만든 것이어야 하는가, 그리고 예술 작품의 가치는 누가 결정하는가에 대한 질문을 던졌습니다. 또한 '샘'은 당시에는 없었던 '레디메이드'라는 새로운 예술적 전략을 보여 줍니다. 레디메이드란 '이미 만들어져 있는 것'이라는 의미로 일상생활

에서 쉽게 찾아볼 수 있는 대상을 그대로 작품으로 활용하는 것을 말합니다. 뒤샹은 '샘'을 통해 예술 작품의 창조 과정 자체가 아닌, 작가의 선택과 해석이 예술의 중요한 요소임을 강조했는데 바로 이것이 '개념 미술'의 시작이라 할 수 있습니다.

CHAPTER 11

여행하는 삶

11-1 삶과 여행

듣기 1

여자 매일 똑같은 사무실과 따분한 일상에서 벗어나고 싶으신가요? 하지만 일 때문에 망설이고 계시다면 이 한달살이 여행에 도전해 보세요. 노트북 하나만 있으면 한 달 동안 어디에서든 일하며 여행할 수 있습니다. 끝이 보이지 않는 하늘과 바다가 반겨 주는 곳, 풀 내음 가득한 숲속, 일과 휴식이 조화를 이루는 거기가 바로 여러분의 일터입니다.

남자 여행이라는 말만 들어도 심장이 뛰는 당신. 여행을 하면서 돈도 벌고 싶으시다고요? 그렇다면 이미 그 길을 걷고 있는 선배들과 함께 설레는 마음으로 출발해 보시면 어떨까요? 다양한 여행지를 함께 다니면서 여행가로서의 삶에 꼭 필요한 노하우도 배울 수 있을 겁니다.

여자 바쁘게만 지내온 삶 속에서 뭔가 중요한 걸 놓치고 있다는 생각이 든다면 하던 일을 잠시 놓아 보세요. 문을 나서는 순간부터 길은 이어지고 여러분의 여행은 시작됩니다. 그렇게 순례길의 풍경 속을 걷고 또 걷다 보면 어느새 조금은 낯설지만 새로운 나, 더 큰 나를 만날 수 있을 것입니다.

듣기 2

앵커 오늘 '만나고 싶은 사람' 시간에는 최근 발간한 여행책으로 주목을 받고 있는 박민영 작가님을

모시고 이야기를 나눠 보겠습니다. 작가님, 안녕하십니까? 먼저 시청자 여러분께 인사의 말씀 부탁드리겠습니다.

작가 시청자 여러분 안녕하십니까? 『삶을 여행하다』라는 책을 쓴 박민영입니다. 그러고 보니 거의 4년 만에 방송에 출연하는 셈이라 많이 떨릴 줄 알았는데요. 오랜 동료와 함께해서 그런지 생각보다 괜찮은 것 같습니다.

앵커 저도 왠지 작가님이 제 옆자리에서 뉴스를 함께 진행해 주셔야 할 것 같은데요. 이렇게 작가님, 하고 부르면서 인터뷰를 하는 게 아직도 어색하기 그시없습니다. 혹시 10년간 다니던 방송국에 휴직을 신청하고 여행을 떠났을 때부터 작가로서의 새로운 삶이 예견되어 있었던 것일까요?

작가 글쎄요, 돌이켜 보면 그랬던 것 같기도 한데요. 휴직 후 무작정 미국으로 장기 여행을 떠날 당시에는 그저 여행하면서 쉬고 싶은 마음뿐이었습니다. 물론 작가나 여행가로 전업을 하겠다든가 하는 생각이 있었던 것도 아니고요. 그런데 하루하루 여행지에서 보내는 시간이 길어질수록 왠지 그런 생활이 제게 어울린다는 생각이 들었습니다. 여행이 끝날 때쯤에는 한국이 아닌 다른 곳으로 또 떠나야 할 것 같은 생각이 들 정도로요.

앵커 하하, 그래도 다행히 어디 다른 곳으로 안 가시고 귀국해서 아나운서로 복귀를 하셨습니다.

작가 그랬었죠. 여행이 길었던 탓인지 미국에서 돌아와 복직한 뒤에 한동안은 마음이 좀 싱숭생숭하기도 했지만, 또 한편 제가 있어야 할 자리로 돌아온 것 같아서 다시 일에 전념하려고 노력했습니다. 그런데 그때 제가 진행하던 어떤 프로그램에 산티아고의 순례길을 걷고 온 여행자 한 분이 출연하셨는데 그분의 여행담을 듣다 보니 미국 여행이 끝날 때쯤 했던 그 생각이 다시 떠오르더라고요.

앵커 작가님에게는 뭔가 운명 같은 만남이었겠네요.

작가 네, 그렇습니다. 그 후에 결국은 방송국을 그만두고 순례길에 나섰으니까요. 그리고 한 달 정도를 매일 같이 낯선 길 위에 서 있는 새로운 나를 만나면서 많은 것을 느끼고 깨달았습니다. 또한 제 인생의 큰 전환점이 된 그 시간과 경험을 오래 간직하고 싶어서 여행 일기라는 것을 쓰고 사진도 찍어서 함께 남겨 두었는데요.

앵커 아, 그 기록이 바로 『낯선 길, 새로운 나』라는 책

으로 출판이 된 것이군요.

작가 네, 맞습니다. 그게 책으로 출판이 된 이후 몇 권의 여행책을 더 쓰게 되면서 이렇게 여행하는 작가로서의 삶을 살게 되었습니다.

앵커 그럼 혹시 그때의 선택을 후회한 적은 없으십니까?

작가 저는 좋은 학교를 나와 남들이 부러워하는 직장도 다녔고, 방송에 나오는 사람으로서 나름 인기도 얻은 바 있다고 생각합니다. 하지만 그렇게 10년을 지내다 보니 아나운서로서 더 도전하고 싶다든가 아니면 절실하게 원한다든가 하는 것은 더 이상 없더라고요. 그런 상황에서 저는 아나운서가 아닌 또 다른 제 모습을 발견하고 싶었고 그렇게 하기 위해서는 새로운 세상으로 가지 않을 수 없었습니다. 그리고 무엇보다 새로 선택한 길에서 행복과 보람을 느끼고 있기 때문에 후회는 별로 없습니다.

앵커 작가님의 이야기를 듣다 보니 저도 여행이 떠나고 싶어지는데요. 아마 시청자들도 그러실 것 같습니다. 마지막으로 시청자들에게 하고 싶은 말씀이 있으시다면요?

작가 그냥 이번 주말에는 가까운 곳으로 가볍게 한번 떠나 보시라고 말씀드리고 싶습니다. 혼자서든 가족이나 친구와 함께든 여행에서 마주한 모든 것들이 여러분의 일상에 큰 에너지가 돼서 돌아올 테니까요.

11-3 TOPIK 유형으로 확인하기

듣기

1.

남자 한 달 정도 휴식을 취하면서 중간중간 일도 할 수 있는 그런 여행을 하고 싶은데요.

여자 네, 그럼 이 상품이 맞으실 것 같은데요. 노트북 하나만 들고 가시면 웬만한 건 숙소에 다 준비되어 있습니다. 숙소도 바다가 보이는 곳이나 풀 내음 가득한 숲속 근처에 위치하고 있어서 아주 평온하고요.

2.

남자 오늘은 여행자들을 위한 특별한 숙소가 있다기

에 찾아왔습니다. 주인 아주머니시죠? 어떤 곳
인지 소개 좀 해 주시겠습니까?

여자 네, 저희 집은 한국을 여행하는 외국인들을 위한
민박집이자 문화 체험 장소라고 할 수 있는데요.
두 아이가 모두 결혼을 해서 집을 떠나고 나니
아이들이 지내던 방도 비게 되고 또 저희 부부의
일거리도 찾을 겸해서 민박을 시작하게 되었습
니다. 그런데 저희 집에 묵었다가 가는 외국인들
에게 한국어와 한국 요리도 가르쳐 주고 한국 여
행에 대한 정보도 제공해 주기 시작하면서 저희
민박집이 좀 알려지게 된 것 같습니다.

3-4.

남자 10년간 다니던 방송국에 휴직을 신청하고 여행
을 떠났을 때부터 작가로서의 새로운 삶이 예견
되어 있었던 것일까요?

여자 글쎄요. 휴직 후 무작정 미국으로 장기 여행을
떠날 당시에는 그저 여행하면서 쉬고 싶은 마음
뿐이었습니다. 물론 작가나 여행가로 전업을 하
겠다든가 하는 생각이 있었던 것도 아니고요. 그
런데 하루하루 여행지에서 보내는 시간이 길어
질수록 왠지 그런 생활이 제게 어울린다는 생각
이 들었습니다.

남자 그래도 귀국해서 아나운서로 복귀를 하셨었는
데요.

여자 그랬었죠. 여행이 길었던 탓인지 미국에서 돌아
와 복직한 뒤에 한동안은 마음이 좀 싱숭생숭하
기도 했지만 또 한편 제가 있어야 할 자리로 돌아
온 것 같아서 다시 일에 전념하려고 노력했습니
다. 그런데 그때 제가 진행하던 어떤 프로그램에
산티아고의 순례길을 걷고 온 여행자 한 분이 출
연을 하셨는데 그분의 여행담을 듣다 보니 미국
여행에서 했던 그 생각이 다시 떠오르더라고요.

말하기

여자 일부 환경 단체의 반대에도 불구하고 결국 관광
단지를 조성하기로 했다고 들었는데요.

남자 네, 그렇다고 해요. 아무래도 지역의 발전을 위해
서는 그런 관광 단지가 필요하겠죠.

여자 관광 단지의 규모로 봤을 때 적어도 하루에 쓰레
기가 10톤 정도는 배출이 될 텐데요. 이대로 관광
단지가 들어서게 해서는 안 될 것 같아요.

CHAPTER 12
대중문화와 미디어

12-1 미디어 환경의 변화

듣기 1

박서준 레나야, 너는 라디오 자주 들어?

레나 라디오? 응, 내가 좋아하는 아이돌이 라디오 고
정 게스트로 나오는 프로그램이 있어서 일주일에
한 번 정도는 챙겨 들어. 그런데 갑자기 라디오는
왜?

박서준 아니, 글쎄. 주말에 초등학교 다니는 조카랑 차를
타고 가면서 라디오를 틀어놨는데 조카가 갑자기
"삼촌, 그런데 이 사람들은 어디에서 얘기를 하고
있는 거야?"라고 물어보더라고. 그래서 "당연히,
라디오 방송국에서 방송하는 거지"라고 얘기해
줬더니 라디오가 뭐냐고 되묻는 거야.

레나 어머, 조카가 라디오를 모르는 거야?

박서준 응, 그렇더라고. 그래서 조카한테 초등학생이 라
디오도 모르면 어떡하냐고 핀잔을 주긴 했는데 이
야기를 하고 나서 생각해 보니 요즘 초등학생은
라디오를 들어본 적이 없을지도 모르겠다는 생각
이 들더라고.

레나 그렇네. 요즘은 가정에서도 스마트 기기를 통해서
각종 콘텐츠를 보니까 라디오는 말할 것도 없고
TV가 없는 집도 많잖아. 그러니까 부모가 집에서
라디오를 챙겨 듣지 않는 이상 초등학생이 집에서
라디오를 들어볼 일은 없을 것 같네.

박서준 아, 라디오에 사연을 올리고 내 사연이 소개되기
를 기다리면서 라디오를 듣는 게 얼마나 두근거리
는 일인데 요즘 아이들은 그런 기분을 모를 거야.

레나 맞아. 나는 한국에 온 지 얼마 안 됐을 때 라디오
를 자주 들었는데 방 침대에 누워서 내가 좋아하
는 아이돌이 편안한 목소리로 읽어주는 사람들의
사연을 듣다 보면 유학 생활이 외롭고 힘들다는
생각이 눈 녹듯이 사르르 사라지더라고.

박서준 아, 이런 라디오의 정감 어린 정서를 요즘 아이들
은 알 수 없다니 참 아쉽네.

| 레나 | 뭐, 라디오가 주는 특유의 정서가 있기는 하지만 요즘 아이들은 요즘 아이들 세대에 맞는 미디어를 통해 자기들만의 추억을 쌓고 있으니 아저씨 같이 그런 걱정은 안 해도 될 것 같네요. 서준이 아저씨. |
| 박서준 | 뭐라고? 아저씨는 누가 아저씨야. |

듣기 2

| 앵커 | 이제 방 밖으로 한 발자국도 나가지 않고 뚝딱하면 영화를 만들 수 있는 시대가 온 것 같습니다. 생성형 AI 기술로만 제작된 우리 영화가 지난 5월 국제 영화제에서 대상을 수상했습니다. 생성형 AI는 생산자가 입력하는 내용에 따라 기존 콘텐츠들의 패턴을 분석하여 새로운 텍스트나 이미지, 영상 같은 미디어를 생성할 수 있는 인공 지능 시스템을 말하죠. 이런 생성형 AI 기술의 발전은 영화의 기본 제작 공식은 말할 것도 없고 영화업계의 기본 생태계마저 뒤바꿀 전망입니다. 최민석 기자입니다. |

| 기자 | 밤인데도 불빛이 환하게 켜진 번화한 도시의 골목, 멋진 정장 차림을 하고 선글라스를 낀 강아지 얼굴을 한 남자가 빨간색 스포츠카를 몰고 천천히 거리를 지나가고 있습니다. 이때 무언가에 쫓기고 있는 것 같은 고양이 얼굴의 여자가 남자의 차에 뛰어듭니다. 여자가 차에 부딪히면서 운전석에 있는 남자를 쳐다보고 두 사람의 눈빛이 마주치는 순간 긴장감 있는 음악이 흘러나옵니다. 이 작품은 국제 AI 영화제에서 대상을 받은 작품인데 제작 기간은 단 이틀, 영화의 시나리오부터 배우의 연기, 뒤로 보이는 배경, 영상에 삽입된 음향과 음악까지 모두 생성형 AI로 만들어졌습니다. 작가가 시나리오를 쓰고 배우가 연기를 하고 감독이 촬영과 편집을 한다는 영화 제작의 기본 공식을 완전히 뒤엎은 것이죠. 이번 영화제에서 대상을 수상한 김 감독은 다음과 같이 수상 소감을 밝혔습니다. |
| 감독 | 많은 분들이 생성형 AI가 본격적으로 활용되기 시작하면 영화업계의 수많은 일자리가 없어질 거라고 걱정하고 계십니다. 그래서인지 AI로 제작된 영화의 가치를 일부러 폄하하거나 저작권 침해 등을 이유로 해서 규제하려고 하는 움직임이 보이기도 합니다. 하지만 사실 영화는 그 시 |

작부터 혁명적인 기술의 발전을 토대로 시작된 예술 장르입니다. 영사기가 처음 발명되면서 이전에 없던 새로운 방식의 표현 방법이 개발된 것이니까요. 영화의 탄생 자체가 신기술의 개발에서 시작된 것이라는 점을 떠올려 본다면 이런 생성형 AI 같은 최신 기술이 접목되어 영화 산업의 변화를 가져오는 것은 어찌 보면 지극히 자연스러운 일이고 막을 수 없는 시대의 흐름이라 할 수 있을 것입니다.

| 기자 | 이제 AI는 단어 몇 개만 입력하면 실제보다 더 매력적인 영상을 뽑아냅니다. 배우도 카메라도, 소녕도 스태프도 필요 없는 시대. 놀라운 기술의 발전이 영화 시장에 혁명적 변화를 가져올 것을 예고하는 가운데 변화에 대한 우려감과 새로운 가능성에 대한 기대감이 동시에 커져 가고 있습니다. HBS뉴스 최민석이었습니다. |

12-3 TOPIK 유형으로 확인하기

듣기

1.

| 남자 | 이번에 새로 나온 와우폰 광고 봤어? 뭔가 독특하면서 진짜 특이하더라. 광고 감독이 누군지 알아봐야겠어. |
| 여자 | 아, 그 풍선 얼굴을 한 사람이 핸드폰을 들고 걸어다니는 광고? 그 광고 생성형 AI 프로그램을 이용해서 만든 광고잖아! 얼마 전에 화제가 돼서 뉴스에도 나왔어. |

2.

여자	요즘은 가정에서도 스마트 기기를 통해서 각종 콘텐츠를 보니까 라디오는 말할 것도 없고 TV가 없는 집도 많대. 그래서 초등학생 중에 라디오가 뭔지 모르는 아이들도 많다고 하더라고.
남자	라디오에 사연을 올리고 내 사연이 소개되기를 기다리면서 라디오를 듣는 게 얼마나 두근거리면서 기대되는데. 요즘 아이들은 그런 기분도 모르면서 자라니까 너무 안됐어.
여자	뭐, 그렇긴 하지만 요즘 아이들은 요즘 아이들 세대에 맞는 미디어를 통해 자기들만의 추억을 쌓고 있으니 그런 걱정은 안 해도 될 것 같은데?

3-4.

기자 밤인데도 불빛이 환하게 켜진 번화한 도시의 골목, 멋진 정장 차림을 하고 선글라스를 낀 강아지 얼굴을 한 남자가 빨간색 스포츠카를 몰고 천천히 거리를 지나가고 있습니다. 이때 무언가에 쫓기고 있는 것 같은 고양이 얼굴의 여자가 남자의 차에 뛰어듭니다. 여자가 차에 부딪히면서 운전석에 있는 남자를 쳐다보고 두 사람의 눈빛이 마주치는 순간 긴장감 있는 음악이 흘러나옵니다. 이 작품은 국제 AI 영화제에서 대상을 받은 작품인데 제작 기간은 단 이틀, 영화의 시나리오부터 배우의 연기, 뒤로 보이는 배경, 영상에 삽입된 음향과 음악까지 모두 생성형 AI로 만들어졌습니다. 작가가 시나리오를 쓰고 배우가 연기를 하고 감독이 촬영과 편집을 한다는 영화 제작의 기본 공식을 완전히 뒤엎은 것이죠. 배우도 카메라도, 조명도 스태프도 필요 없는 시대. 놀라운 기술의 발전이 영화 시장에 혁명적 변화를 가져올 것을 예고하는 가운데 변화에 대한 우려감과 새로운 가능성에 대한 기대감이 동시에 커져가고 있습니다.

색인

ㅊ

기타

절취선 ✂

쓰기 연습용 원고지

200-300자 연습

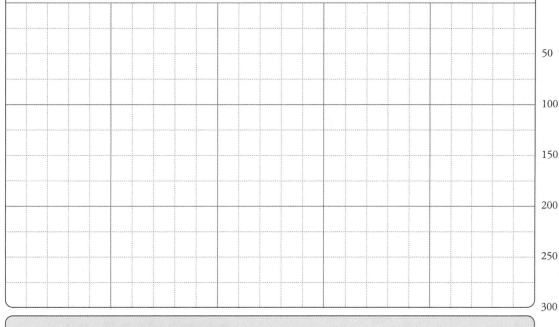

50

100

150

200

250

300

쓰기 연습용 원고지

200-300자 연습

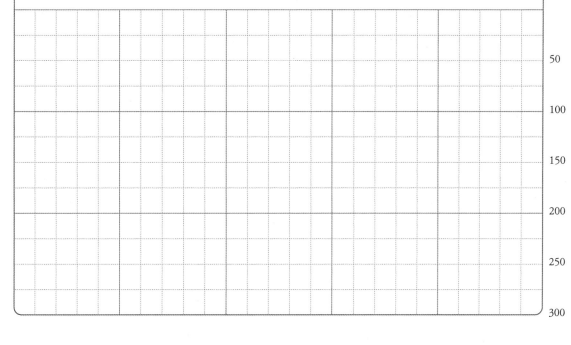

50

100

150

200

250

300

쓰기 연습용 원고지

600-700자 연습

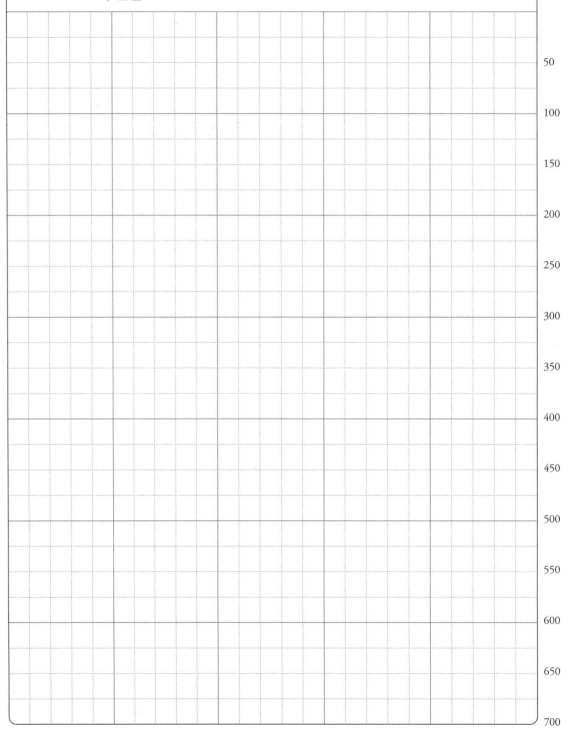

쓰기 연습용 원고지

200-300자 연습

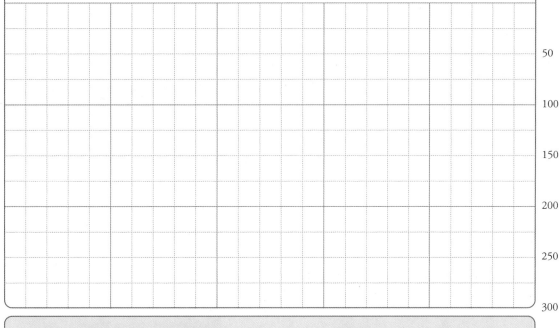

50
100
150
200
250
300

쓰기 연습용 원고지

200-300자 연습

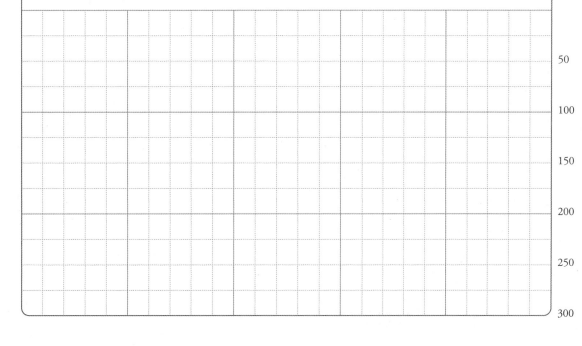

50
100
150
200
250
300

쓰기 연습용 원고지

600–700자 연습

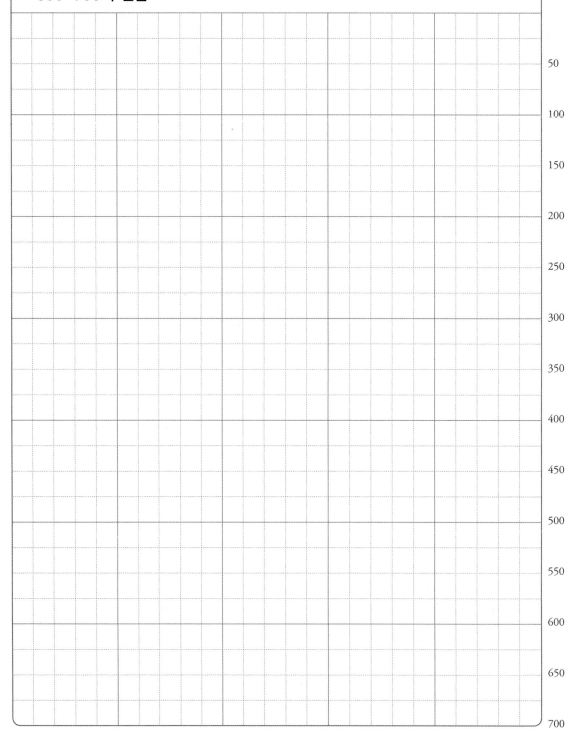

절취선

쓰기 연습용 원고지

200-300자 연습

쓰기 연습용 원고지

200-300자 연습

쓰기 연습용 원고지

600-700자 연습

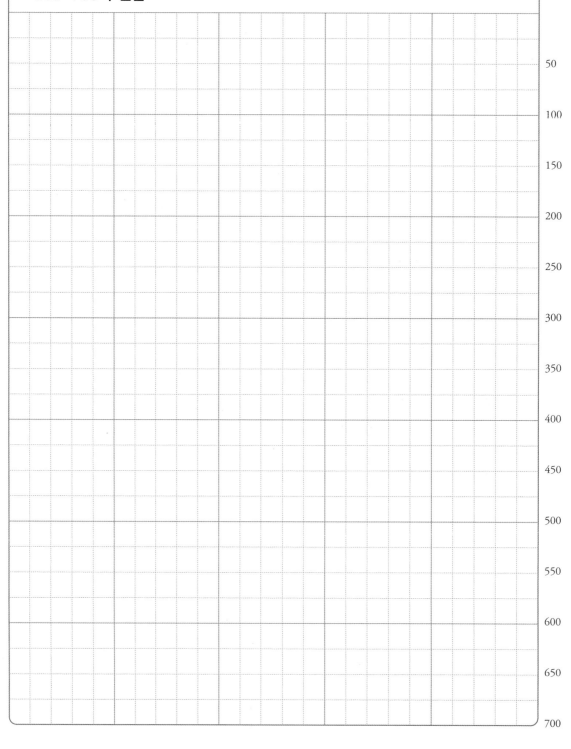

50

100

150

200

250

300

350

400

450

500

550

600

650

700

절취선

쓰기 연습용 원고지

200–300자 연습

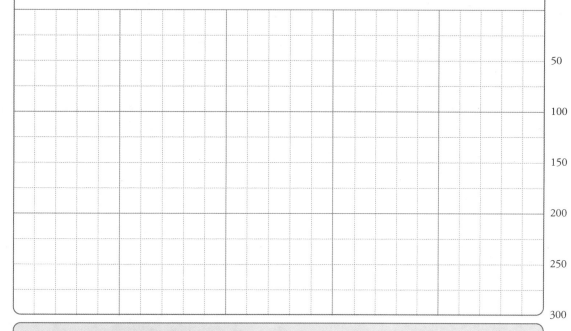

50
100
150
200
250
300

쓰기 연습용 원고지

200–300자 연습

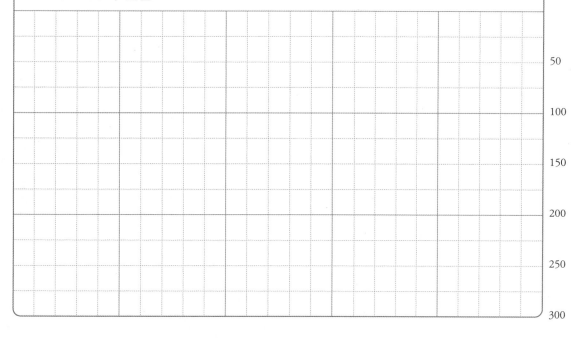

50
100
150
200
250
300

쓰기 연습용 원고지

600–700자 연습

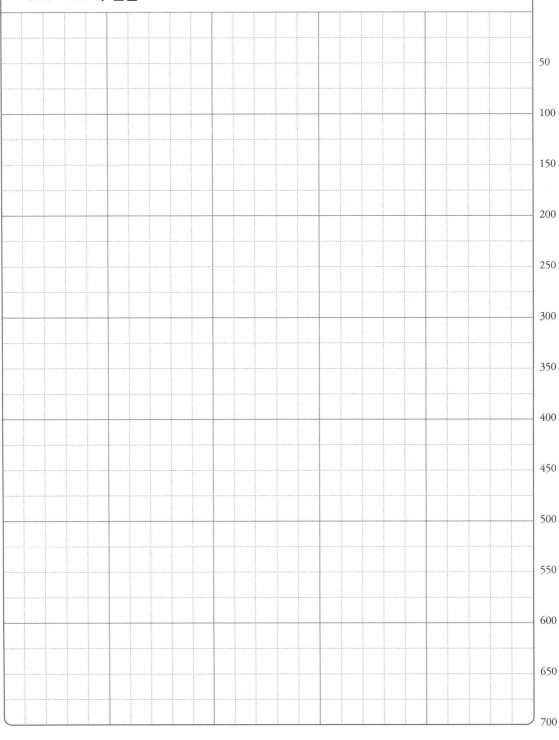

쓰기 연습용 원고지

200-300자 연습

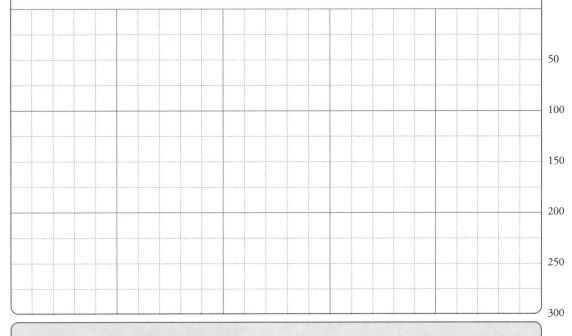

쓰기 연습용 원고지

200-300자 연습

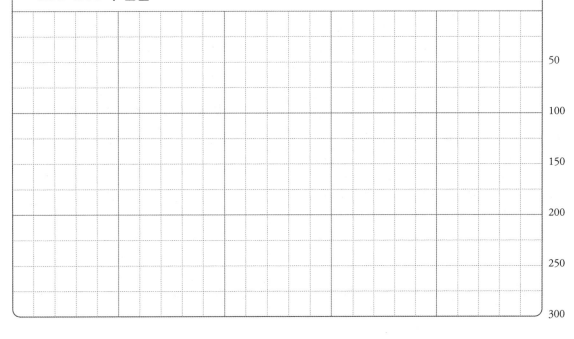

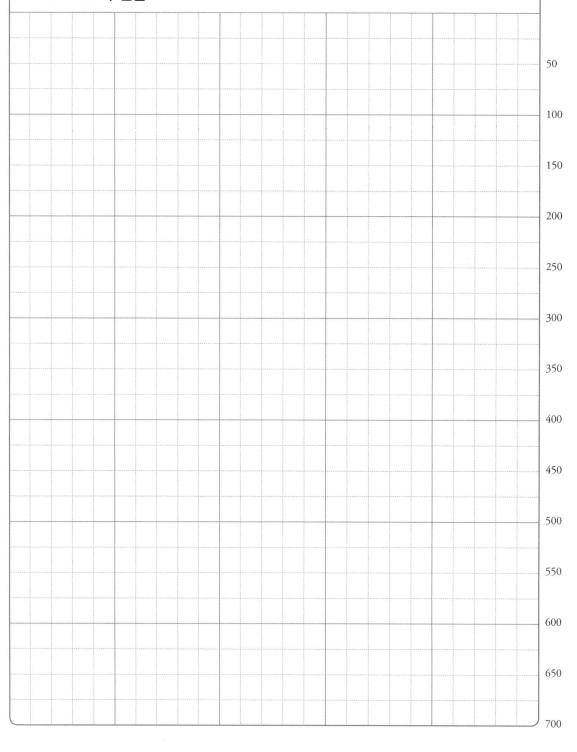

쓰기 연습용 원고지

600-700자 연습

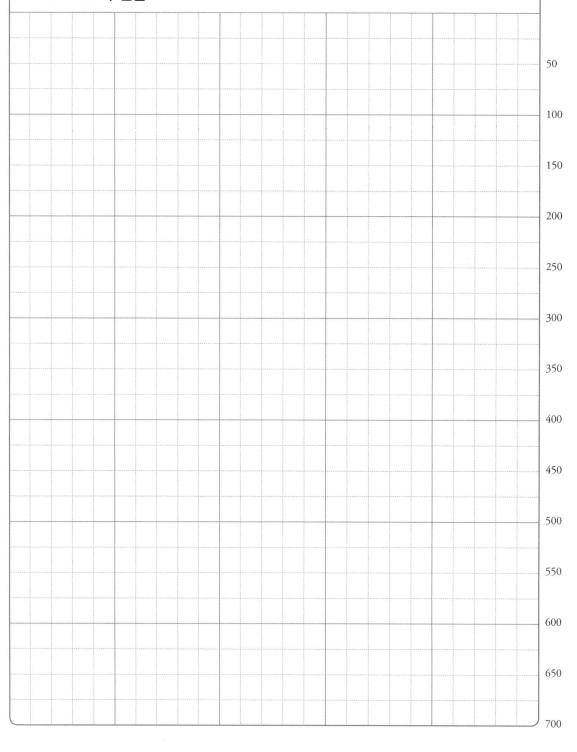

50

100

150

200

250

300

350

400

450

500

550

600

650

700

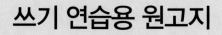

쓰기 연습용 원고지

200-300자 연습

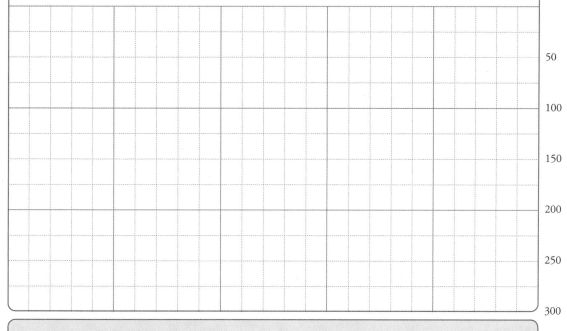

50
100
150
200
250
300

쓰기 연습용 원고지

200-300자 연습

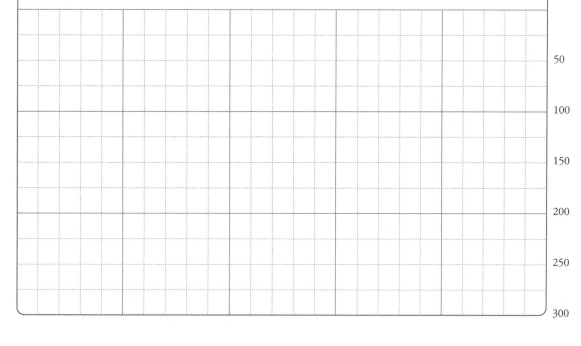

50
100
150
200
250
300

쓰기 연습용 원고지

600-700자 연습

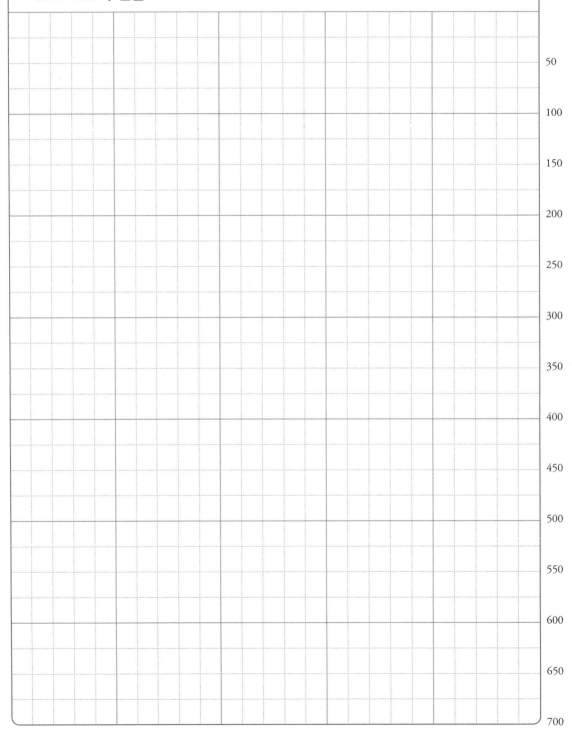

50

100

150

200

250

300

350

400

450

500

550

600

650

700

쓰기 연습용 원고지

200-300자 연습

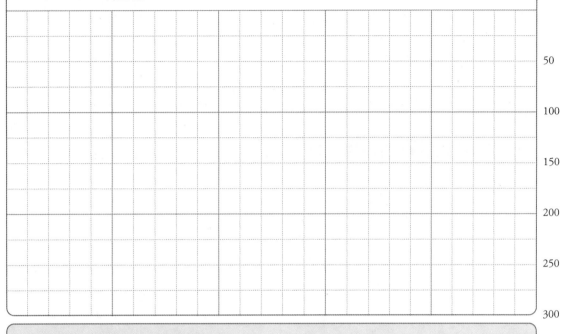

쓰기 연습용 원고지

200-300자 연습

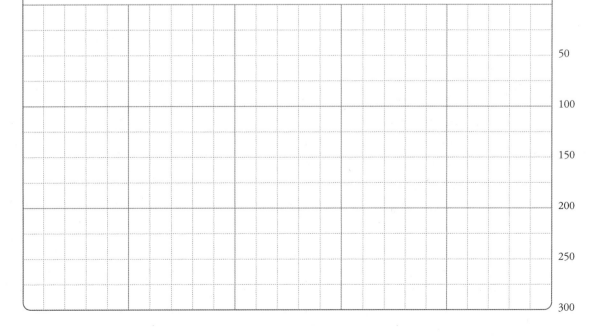

쓰기 연습용 원고지

600-700자 연습

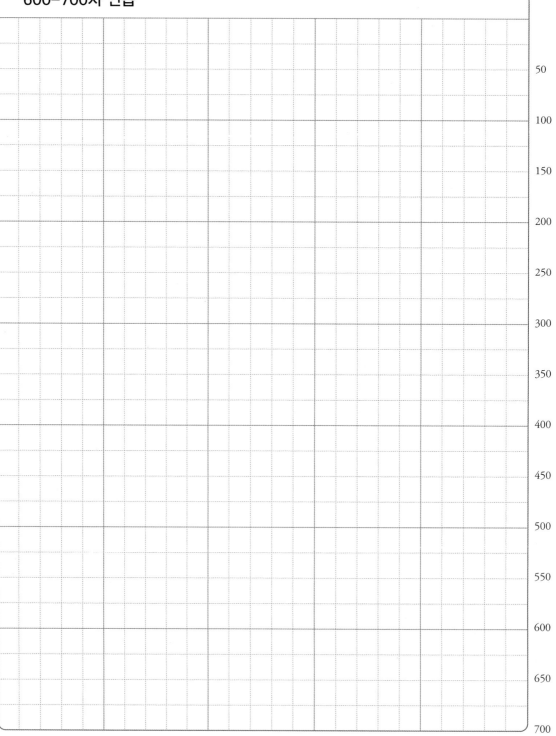

50
100
150
200
250
300
350
400
450
500
550
600
650
700

쓰기 연습용 원고지

200-300자 연습

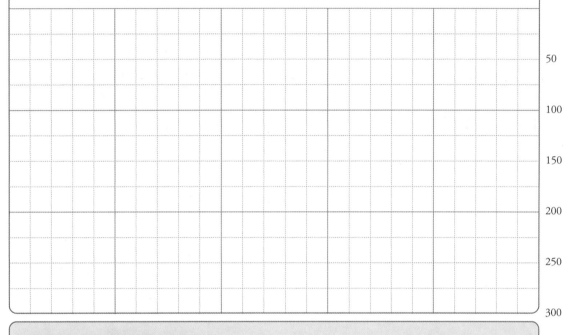

쓰기 연습용 원고지

200-300자 연습

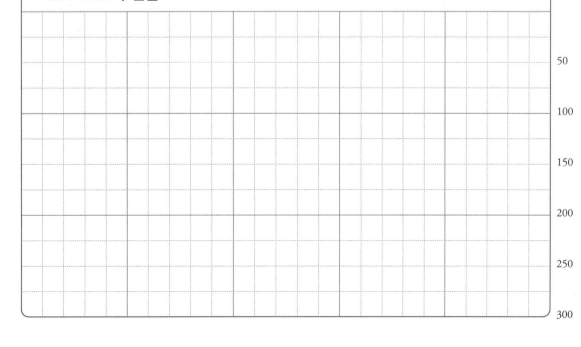

쓰기 연습용 원고지

600–700자 연습

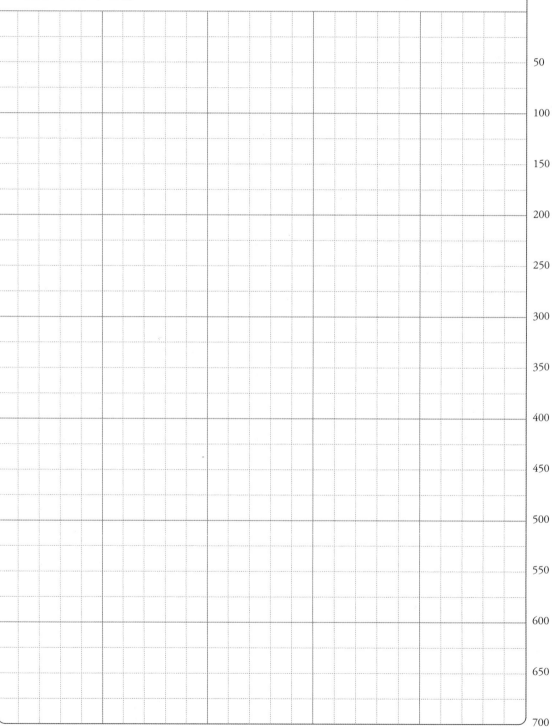

50
100
150
200
250
300
350
400
450
500
550
600
650
700

Hi! KOREAN 5B
Student's Book

지은이 구민영, 박선영, 안용준, 이현숙, 정은화
펴낸이 정규도
펴낸곳 (주)다락원

초판 1쇄 인쇄 2025년 2월 4일
초판 1쇄 발행 2025년 2월 10일

책임편집 이숙희, 손여람
디자인 김나경, 안성민
일러스트 지창훈
번역 Isabel Kim Dzitac
이미지 출처 shutterstock, iclickart

다락원 경기도 파주시 문발로 211, 10881
내용 문의 : (02)736-2031 내선 420~426
구입 문의 : (02)736-2031 내선 250~252
Fax : (02)732-2037
출판등록 1977년 9월 16일 제406-2008-000007호

ISBN 978-89-277-3343-0 14710
      978-89-277-3313-3 (set)

http://www.darakwon.co.kr
다락원 홈페이지를 방문하시면 상세한 출판 정보와 함께
MP3 자료 등 다양한 어학 정보를 얻으실 수 있습니다.

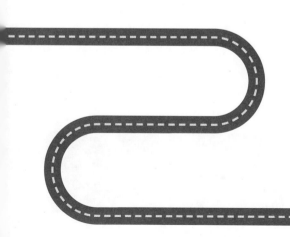

Hi! KOREAN

하이! 코리안

문법·어휘 학습서

5B

DARAKWON

목차

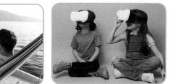

CHAPTER 07 스포츠와 심리

7-1 경기의 규칙

어휘와 표현

듣기 어휘

결승	final (match)	우승	victory, winning the championship
역전	turning (the game) around	공격	attack
득점	scoring		

연달다	to continue to follow	이끌다	to lead
진출하다	to advance, to go (to next stage)	유력하다	to be prime, to be promising
맞붙다	to take on, to tackle	일으키다	to raise, to make sth prosperous
매기다	to rate, to grade	내주다	to give away

문외한	layman	열풍	craze, fever
심상치않다	to be suspicious, to appear to be serious	이목이 집중되다	for attention to be focused, the eyes are on
어깨를 나란히 하다	to be shoulder to shoulder, to rank with		

기타 어휘

지도자	leader	사형	death penalty
물려받다	to inherit, to take over	집행	execution
돌파	breakthrough, getting over	궂다	to be bad/wet (of the weather)

쾌거	splendid achievement, splendid feat	성직자	cleric
붐	boom	설	theory, view, rumor
장본인	the very person	중세	the middle age
낭만적	romantic	편의상	for convenience('s) sake
신조어	neologism, new coinage	명언	famous saying, golden quote
업계	business circle, field of work	축소판	microcosm
경	round about		

1 A-(으)ㄴ 셈이다, V-는 셈이다

Used to indicate that something is not true, but it is reasonable to assume it is true given the circumstances, or that it will be true as a result.

- 커피는 일 년에 한두 잔 마실까 말까 하니까 거의 **안 마시는 셈이지.**
- 초등학교 때부터 할머니 댁에서 자랐으니 저는 할머니가 다 **키우신 셈이에요.**
- 아직 부모님께 물려받지 못한 재산도 있으니 실제 돈은 네가 더 **많은 셈이야.**
- 이건 거의 새 **제품인 셈이에요.** 구입하고 고작 몇 번 사용했을 뿐이거든요.

> Also used in the form of A/V-았/었던 셈이다.
> - 부산까지 15시간이 넘게 걸렸으니 거의 하루를 차에 있었던 셈이다.
> - 학교 다닐 때 항상 맨 뒤에 앉곤 했으니 키가 꽤 컸던 셈이지.

2 N에도 불구하고

Used when a different or opposite result which is not expected from the preceding clause is presented in the following clause.

- 굳은 **날씨에도 불구하고** 많은 팬들이 경기장을 찾아 주셨습니다.
- 선수들의 눈부신 **활약에도 불구하고** 결국 팀은 승리를 놓치고 말았다.
- 어려운 **상황에도 불구하고** 최선의 노력을 다해 주신 여러분들께 감사를 전합니다.

> Also used in the form of A/V-(으)ㅁ에도 불구하고, A-(으)ㄴ데도 불구하고,
> V-는데도 불구하고. A/V-(으)ㅁ에도 불구하고 are usually used in the written form.
> And A-(으)ㄴ데도 불구하고, V-는데도 불구하고 are usually in colloquial situations.
> - 그는 팀에서 가장 막내임에도 불구하고 뛰어난 능력으로 인정을 받고 있다.
> - 예상보다 비가 많이 왔음에도 불구하고 가뭄이 완전히 해소되지는 않았다.
> - 이 지역은 다른 지역에 비해 물가가 비싼데도 불구하고 관광객이 꾸준히 증가하고 있어요.

어휘와 표현

읽기 어휘

전략	strategy	인지 능력	cognitive ability
집중력	concentration	경기력	game power
판단력	judgement		
발휘하다	to demonstrate, to display	극복하다	to overcome, to get over
힘을 쏟다	to give one's best (effort/energy)	활용하다	to use, to utilize
실천하다	to practice, to carry out	상승하다	to rise, to increase
향상되다	to improve, to make progress	견디다	to endure, to stand out
경직되다	to get stiff, to get rigid	압박감	pressure, stress
부활	resurgence, resurrection	은퇴	retirement
불안	anxiety		

기타 어휘

승부	fight (lit. victory and defeat)	배출	emission, discharge
웬만큼	fairly, well enough	어찌나	so…, such a…
코너	corner, department	놀음	play, game
한층	more (lit. one-story)	폭탄	bomb
양극화	polarization	은인	savior, lifesaver
탄소	carbon		
성과	result, outcome	선입견	prejudice, preconceived idea
겁먹다	to be frightened, to be afraid	마작	mahjong
막상	in reality, in the event	체스	chess
참으로	truly, indeed	병행하다	to do things simultaneously
내면	inner side	주도하다	to lead, to take lead
꾀병	fake illness, factitious disease	검투사	gladiator
슬럼프	slump	풍자시	satiric poem
친숙하다	to be familiar	구절	phrase, verse
두뇌	brain	캠페인	campaign
언뜻	in an instant	캐치프레이즈	slogan, catch phrase
고도	high level	별개	being another/separate
측면	side, aspect	깃들다	to indwell
한낱	just, only, nothing but		

① A/V-지 않고서는

Used to emphasize that the content of the preceding clause is obvious or essential. Thereby indicating that the situation in the subsequent clause would otherwise be impossible.

- 그가 협박을 **받지 않고서는** 그런 결정을 내렸을 리 없다.
- 직접 **보지 않고서는** 뭐라 말씀드리기가 곤란하네요.
- 일이 많아서 밤을 **새우지 않고서는** 끝낼 수 없을 것 같습니다.
- 웬만큼 실력을 **갖추지 않고서는** 프로 선수가 될 수 없어요.

> For nouns, used in the form of N이/가 아니고서는.
> - 방학이 아니고서는 그렇게 오래 여행을 가기가 어렵죠.
> - 전문가가 아니고서는 그게 가짜라는 걸 알아보기 쉽지 않아요.

> **Careful!** In the following clauses, negative expressions such as –(으)ㄹ 수 없다, –기 어렵다, –지 못하다, 불가능하다 are often used.

② A-다고 해도 과언이 아니다, V-ㄴ/는다고 해도 과언이 아니다

Used to emphasize that the suggested wording which describes a situation is not excessive or exaggerated.

- 스마트폰의 발명이 인류의 미래를 **바꿔 놨다고 해도 과언이 아니다**.
- 지역 개발이 더딘 이유는 잘못된 정부 정책이 발목을 **잡았기 때문이라고 해도 과언이 아닐 것이다**.
- 야구는 **투수 놀음이라고 해도 과언이 아닐** 정도로 투수의 비중이 크다고 할 수 있다.
- 비가 어찌나 많이 내렸는지 하늘에서 물 폭탄이 **떨어졌다고 해도 과언이 아닐** 정도였어요.

	A-(으)ㄴ/는 셈이다 V-는 셈이다	A-다고 해도 과언이 아니다 V-ㄴ/는다고 해도 과언이 아니다
Compare!	Used to indicate that the reality is less than the presented fact, but the result is about the same.	Used to emphasize that it is not a exaggeration to describe something in such a way.
	• 1등 없는 2등을 차지했으니 결국 제일 뛰어난 선수로 **인정받은 셈이다**.	• 이 경기가 테니스 역사상 가장 빛나는 경기라고 해도 과언이 아니다.

● A-(으)ㄴ 지경에 이르다, V-는/(으)ㄹ 지경에 이르다

Indicates that the situation has reached a certain status.

> **Ex.** · 부상을 숨겨 오다가 더 이상 경기에서 **뛸 수 없는 지경에 이르러서야** 부상 사실을 알렸다.
>
> · 처음에는 사소한 오해로 시작된 싸움이었는데 결국 **이 지경에 이르고** 말았네요.

현대인의 정신 건강

8-1 중독 관리

8-2 우울과 불안

8-1 중독 관리

어휘와 표현

듣기 어휘

중독	addiction	주의력	attention
쾌감	pleasure, pleasant feeling	자제력	self-restraint
내성	tolerance	금단 증상	withdrawal symptom

떨리다	to quaver, to tremble	시달리다	to suffer from
짜릿하다	to be thrilled	몰입하다	to be immersed in
허전하다	to feel empty	집착하다	to be obsessed with
성에 차다	to be satisfactory, to be satisfied	오한이 들다	to catch a chill

도박	gambling	재산	property, wealth, asset
따다	to get (money)	행운	luck
일확천금	quick buck		

기타 어휘

엎질러지다	to spill	큰코다치다	to pay dearly
애지중지하다	to treasure, to coddle	작심삼일	not being able to stick to something (lit. 3 days lived resolution)
귓등으로 듣다	to turn a deaf ear	툭하면	easily, often
백날	for a good while, the whole time	걸핏하면	being apt to, easily
푼	penny, a bound noun that serves as a unit for counting money in the past	재발하다	to recur, to reemerge
		엔지(NG)	outtake, blooper
만만하다	to be easy	염증	inflammation
잔소리	nitpicking, nagging	악순환	vicious cycle
딴	different, other, another	자잘하다	to be trivial
본인	person concerned, oneself	카페인	caffeine
의지	will, volition	끊임없이	constantly, unceasingly
주량	alcohol tolerance/capacity		

문법

❶ A/V-아/어 봤자

1. Used when you expect that doing something won't work or won't produce a good result. It is often used in conjunction with 어차피 and followed by a negative statement such as 소용 없다.

> **Ex.** ・ 이제 와서 **공부해 봤자** 어차피 소용없다.
>
> ・ 이미 물은 엎질러졌는데 이제 와서 **후회해 봤자** 되돌릴 수 없다.

2. Means an underestimation, indicating that something is not as great as it seems. It is often used in interrogative sentences, such as A/V-아/어 봤자 얼마나 A/V-겠어요?

> **Ex.** ・ 시험이 **어려워 봤자** 얼마나 어렵겠어요?
>
> ・ 3개월 동안 한국어를 배운 사람이 한국어를 **잘해 봤자** 얼마나 잘하겠어요?

❷ V-기 일쑤이다

Expresses that someone often does something or that a negative event happens easily. It goes well with negative adverbs such as 걸핏하면 and 툭하면.

> **Ex.** ・ 게임을 하느라 걸핏하면 끼니를 **거르기 일쑤이다**.
>
> ・ 내 동생은 툭하면 휴대폰을 **떨어뜨리기 일쑤예요**.
>
> ・ 어렸을 때 지키기 어려운 목표를 세우곤 했는데 그러면 항상 작심삼일이 **되기 일쑤였다**.

> You can use either 일쑤이다 or 일쑤다.
> ・ 그 아이는 걸핏하면 울기 일쑤이다.
> ・ 예전에는 집에서 음식을 해 먹곤 했는데 요즘은 귀찮아서 밖에서 사 먹기 일쑤다.

V-기 일쑤이다	V-곤 하다
These two expressions carry the same meaning and express that a certain behavior reoccurs. ・ 나는 우산을 들고 나가면 **잃어버리기 일쑤이다**. ・ 나는 우산을 들고 나가면 **잃어버리곤 한다**.	
Indicates that the negative result is repeated. ・ 나는 건망증이 심해서 우산을 들고 나가면 **잃어버리기 일쑤이다**.	Indicates repeating the same behavior over a long period of time. ・ 가슴이 답답할 때는 산책을 하거나 등산을 **하곤 한다**.

Compare!

어휘와 표현

읽기 어휘

질환	disease, disorder	절망	despair, hopelessness
겁	fear	사망	death
심장	heart (organ)	증후군	syndrom
숨지다	to die, to pass away	부추기다	to instigate
소소하다	to be trivial, to be petty	자제하다	to refrain from, to abstain
권장하다	to encourage	방치하다	to neglect, to leave unattended
모방하다	to mimic, to imitate	불가피하다	to be inevitable, to be unavoidable
권고하다	to recommend	언론	the press, the media
극단적	extreme	자살	suicide
완곡하다	to be euphemistic		

기타 어휘

이상	abnormality, disorder	울렁거리다	to feel sick/nausea
술술	easily, fluently	굶다	to starve, to fast
뒷골목	alley, backstreet	보상	reward
두근거리다	to palpitate, to pitapat	대안	alternative
순조롭다	to be smooth		
유명인	celebrity, famous person	하단	the bottom
차원	level, dimension		

① A-(으)ㄴ가 하면, V-는가 하면

Used to show different aspects of a subject or to compare two objects with different characteristics. It can also be used to show contrasting sides or to add something different to a topic. The form N이/가 있는가 하면 is often used.

Ex.
- 어떤 사람은 탕수육을 소스에 **찍어 먹는가 하면** 어떤 사람은 탕수육에 소스를 부어 먹는다.
- 어떤 날은 밤새도록 잠을 **설치는가 하면** 또 어떤 날은 하루 종일 잠만 자요.
- 글이 술술 써지는 날이 **있는가 하면** 한 글자도 안 써지는 날이 있기도 하다.

> It's also used in the form of 그런가 하면 between sentences and statements.
> - 우리 아버지는 평소에 참 자상하시다. 그런가 하면 화가 났을 때는 매우 냉정하신 분이다.
> - 요즘 판타지 영화가 인기가 많다. 그런가 하면 다큐멘터리를 좋아하는 사람도 적지 않다고 한다.

② A/V-지

1. Used to affirm the preceding situation and negate the following situation. For nouns, the form N(이)지 N이/가 아니다 is used.

Ex.
- 나는 목이 마르면 물을 **마시지** 음료수를 마시지는 않는다.
- 행복은 가까이에 **있지** 그렇게 멀리 있지 않습니다.
- 저는 학생들의 **선생님이지** 엄마가 아닙니다.

2. Also used in the form of an interrogative sentence, such as A/V-(으)면 A/V-지 왜? to emphasize the content in the front part. It gives the impression that you are pointing out the other person's mistakes or shortcomings.

Ex.
- **힘들면 말하지 왜** 혼자 참고 있었어요?
- **배고프면 라면이라도 끓여 먹지 왜** 굶고 있어?

> It can also be used to express strong denial or rejection by being used in the form of A/V-(으)면 A/V-았/었지, A/V-았/었으면 A/V-았/었지, etc.
> - 시작을 안 하면 안 했지 중간에 포기하고 싶지는 않습니다.
> - 가난하게 살았으면 살았지 사람을 해치는 일은 할 수 없습니다.

◎ 문턱이 높다

Indicates that something or someone is difficult to get into or deal with.

Ex. ·최근 취업의 **문턱이 높아서** 창업을 알아보는 젊은 세대들이 늘어나고 있다.

·내과나 이비인후과는 쉽게 방문하면서도 정신과는 **문턱이 높다고** 생각하는 사람이 많다.

09 가치관의 변화

9-1 일과 삶의 조화

어휘와 표현

듣기 어휘

열풍이 불다	to boom, for a craze to sweep	들다	to strike, to occur to
		따지다	to argue, to calculate
의문	doubt	깔리다	to underlie
의식	consciousness	차리다	to keep, to set

운영하다	to run, to operate	집중하다	to concentrate
감소하다	to decrease	적용하다	to apply
모색하다	to seek	지적하다	to point out, to criticize
만족하다	to be satisfied	작용하다	to act, to function

가치관	values	조화	harmony, getting along with
구직	job seeking	혼인율	nuptiality, marriage rate
정체성	identity		

기타 어휘

내색하다	to express one's feeling	군	the military, the army
거장	(grand) master	입대하다	to join (the army), to enlist
충격적	shocking	여건	conditions
매매가	buy-and-sell price	좌절하다	to despair
지출하다	to expand	당신	(formal, highly addressee -raising) a pronoun indicating the person mentioned
업무	work, business		
지시	orders, directions		
여러모로	in many ways	독립	independence
궁금하다	to be curious, to wonder	확대되다	to be expanded, to be extended, to be enlarged
반복적	repetitive	기저	base, basis, foundation
경직되다	to get stiff, to get rigid	욕구	desire, drive, want
조직	organization, group	의미하다	to mean, to imply, to stand for
후반	second half, latter part	동호회	club
가정	home, family		

문법

1 A/V−(으)ㄹ 법하다

Used when a situation is more likely than not, or when there seems to be a reason for it to actually happen in the speaker's opinion.

- 그런 말을 들으면 화가 **날 법하지요.**
- 다른 일에 도전해 보고 싶다는 생각은 직장인이라면 누구나 **해 봤을 법합니다.**
- 내 동생은 아르바이트하면서 대학 공부하는 것이 **힘들 법도 한데** 내색한 적이 한 번도 없다.

> When you want to emphasize the likelihood of something happening under certain conditions or circumstances, add (이)나 to it.
> - 100년 전에나 일어날 법한 일이 현재 벌어지고 있다니 믿을 수 없네요.
> - 어제 뉴스에서 본 사건은 영화에서나 나올 법한 충격적인 사건이었다.

> **Compare!**
> A/V−(으)ㄹ 법하다 is used when something is more likely than not, or there seems to be a reason for it to actually happen from the speaker's perspective. A−(으)ㄴ 법이다, V−는 법이다 is used to state a natural law of the world.
> - 한국어를 5년이나 배웠으면 **잘할 법한데** 왜 아직도 말하는 게 어색할까?
>   (Speaker's thought: They would be good at Korean because they have been learning it for five years, but they are not.)
> - 노력하는 사람이 **성공하는 법이라고 하는데** 요즘은 꼭 그렇지도 않은 것 같다.
>   (General knowledge: Those who try harder usually succeed, but that doesn't seem to be the case these days.)

2 A/V−(으)ㄹ 테지만

Indicates that the speaker strongly suspects the previous statement, but that the later statement may be the opposite or different.

- 신입이라 여러모로 **부족할 테지만** 많이 도와주십시오.
- 어머니는 유학을 **허락하실 테지만** 아버지는 끝까지 반대할 것 같아요.
- 조금 더 노력했다면 **성공할 수 있었을 테지만** 결국 실패하고 말았다.
- 그 사람은 네 친구니까 분명 좋은 **사람일 테지만** 지금은 아무도 만나고 싶지 않아.

어휘와 표현

읽기 어휘

미혼	being single, being unmarried	구성원	member
		핵가족	nuclear family
가구	household, family	배우자	spouse
얹혀살다	to live off	구성되다	to be composed of
노화하다	to age	고립되다	to be isolated
안일하다	to be idle, to be complacent	부양하다	to support
도래하다	to come, to arrive	상주하다	to reside
마냥	so much, infinitely	안정적	stable
소홀히	negligently	정책	policy
수명	lifespan		

기타 어휘

모	corner, nook	보도하다	to report
기어가다	to crawl, to creep	신뢰하다	to trust
병들다	to fall ill	요양 기관	medical institution, sanatorium
이기적	selfish	초과	excess
요양 병원	nursing hospital (for the elderly or chronically ill)	인력	human power
		호소하다	to appeal, to plead
전동 킥보드	motorized scooter	자금	fund, capital
실버타운	retirement community	미만	being under/below
요양 보호사	(certified) caregiver	불 보듯 뻔하다	to be obvious as if seeing a fire
관계를 그리다	to describe… relation	간병	nursing, caring for
담담하다	to be calm	밑 빠진 독에 물 붓기	pouring water into a sieve (lit. pouring water into a bottomless jar)
다큐멘터리	documentary		
홀로서기	standing alone	돌봄	care, look after
주를 이루다	to be mainly about	사각지대	blind spot

1 A/V-(으)면 그만이다

Indicates that the issue has been resolved or that you are satisfied with the situation as it is.

- 다른 사람들이 제 일에 대해 뭐라고 해도 저만 **좋으면 그만이죠**.
- 아무리 돈이 중요한 세상이라지만 돈만 잘 **벌면 그만인가요**?
- 물건을 한번 **사 갔으면 그만이지** 이제 와서 바꿔 달라고 하면 어떻게 합니까?

> **Frequently used sayings :**
> - 평안 감사도 저 싫으면 그만이다
>   → 아무리 좋은 일이라도 자기가 하기 싫으면 그것으로 끝이다.
> - 모로 가나 기어가나 서울만 가면 그만이다
>   → 수단이나 방법이 무엇이든 상관없이 목적만 이루면 된다.

2 N은/는 고사하고

Expresses that the first one is obviously impossible, and the second one, which is easier, is also not easy.

- 저는 **하와이는 고사하고** 제주도에도 못 가 봤어요.
- **저축은 고사하고** 당장 쓸 돈도 마련하기 어렵다.
- **독립은 고사하고** 취업조차 하지 못하는 성인 자녀들이 많습니다.

> 1. When used with adjectives and verbs, use the form A-(으)ㄴ 것은 고사하고,
>   V-는 것은 고사하고. And V-는 것은 고사하고 combined with a verb is mostly used.
>   - 발표 시험인데 외우는 것은 고사하고 읽는 것도 못 하면 어떻게 해?
>   - 요즘 일이 많아서 가족들을 돌보는 것은 고사하고 나 하나도 못 챙기고 있다.
> 2. N은/는 고사하고 can be interchanged with N은/는커녕 without any significant
>   semantic difference.
>   - 저는 김치찌개는 고사하고 라면도 못 끓입니다.
>   - 저는 김치찌개는커녕 라면도 못 끓입니다.

○ A-(으)ㄴ 까닭에, V-는 까닭에

Used to mean "because of some cause." In this context, 까닭 refers to the reason or condition that led to something happening.

Ex.
- 휴대폰을 장시간 **사용한 까닭에** 눈의 피로가 심해졌다.
- 공무원은 안정적이지만 임금이 **낮은 까닭에** 공무원을 선호하는 사람들이 줄고 있다.

CHAPTER 10 예술을 보는 눈

10-1 다양한 예술의 세계

어휘와 표현

듣기 어휘

예술	art	팝 아트	pop art
일상	everyday life	개념 미술	conceptual art
상업적	commercial		
파장	wavelength	제출하다	to submit
지평	horizon	숙련되다	to be skilled
납득	conviction	무한하다	to be infinite
시각	view	확장시키다	to expand
뒤바꾸다	to reverse	초점	focus
추구하다	to pursue, to seek	풍자하다	to satirize
영감	inspiration		

기타 어휘

유치하다	to be childish	식상하다	to be stained, to be a cliché
색감	color		
물감	paints	획기적	to be epochal
회화과	department of painting	일출	sunrise
홍보하다	to promote	물들다	to be tinged
실습실	laboratory	서성거리다	to walk around
작업하다	to work	장례식	funeral
칠하다	to paint	지어내다	to make up
생활용품	daily necessities	샘	fountain
문구	stationary	소장	possession
이미지	image	미술계	art circles
캐릭터	character		

1 A-(으)ㄴ걸(요), V-는걸(요)

Used to lightly rebut or disagree with what the other person is saying while explaining the context. Can also be used to express admiration for a good result or a good opinion that was unexpected.

Ex.
- 가 풍부한 색감을 표현하려면 지금 쓰는 것보다 더 좋은 물감을 사용해야 해요.
  나 알고 있지만 좋은 물감은 너무 **비싼걸요**.
- 가 주말에 회화과 학생들의 졸업 전시회 보러 갈래요?
  나 회화과 전시회는 목요일에 **끝나는걸요**.
- 가 빨리 나가자. 이러다가 약속 시간에 늦겠어.
  나 아직 화장도 **다 못했는걸**.
- 가 이번 행사는 SNS를 통해서 홍보해 보면 어떨까?
  나 좋은 **생각인걸**.

A/V-던걸 to indicate reminiscence and A/V-겠는걸 to indicate speculation are also frequently used.
- 주말에 다녀온 전시회에 사람이 많던걸.
- 진수는 지금 실습실에서 작업하고 있겠는걸.

2 A-(으)ㄴ 듯(이), V-는 듯(이)

Used to describe the specific state of something you're talking about by analogizing it to something the other person can easily picture in their mind. Sometimes written by omitting 이.

Ex.
- 자동차 밑에서 새끼 고양이 한 마리가 배가 **고픈 듯이** 울고 있었어요.
- 서준이 뭔가를 **고민하는 듯이** 방안을 서성거리고 있더라고요.
- 그는 성적표를 받아 들고 **절망한 듯** 고개를 숙였다.
- 그 외국인은 한국의 미용실을 방문한 것이 **처음인 듯** 보였습니다.

Careful!
When addressed to the speaker, as if they were speaking, it is sometimes written in the form A-다는 듯이, V-ㄴ/는다는 듯이.
- 동물원에 갔는데 원숭이 한 마리가 나를 신기하다는 듯이 쳐다봤다.
- 그는 마치 이것이 마지막이라는 듯이 나에게 "안녕"이라고 말하며 떠나갔다.

There are many expressions that have become codified as idioms.
- 시험이 시작되자 교실은 쥐 죽은 듯이 조용해졌다.
- 약을 먹자 감기가 씻은 듯이 나았다.

어휘와 표현

읽기 어휘

먹(물)	ink	붓 터치	brush-touch
명암	shading	패턴	pattern
색채	colors	캔버스	canvas
찍다	to dot, to stamp	평온하다	to be serene
긋다	to draw	극명하다	to be obvious
색칠하다	to paint	단아하다	to be elegant
응시하다	to gaze	담백하다	to be clean/light (in taste)
섬세하다	to be delicate	대비를 이루다	to contrast with
인물화	figure painting	성찰	introspection
명상적	to be meditative	여백	white space, blank
사색	contemplation		

기타 어휘

구걸하다	to beg	종합 무대 예술	composite stage art
비록	(even) though, although	지휘관	commander
평단	circle of literary critics	하객	guest (coming to congratulate)
꼴찌	worst performer	축사	congratulatory message
저예산	low-budget	중대장	company commander
흥행	box office hit	임무	mission
스태프	staff	대원	member, crew
모면하다	to evade	MC	master of ceremonies
인상파	impressionist	랜드마크	landmark
어우러지다	to blend in		
고뇌	anguish, agony	덧칠하다	to paint over
지음	writing	내구성	durability
옮김	translation	난기류	air turbulence
인문학	humanities, liberal arts	바탕색	background color
도서	book	문인	man of letters, writer
납작하다	to be flat	수양	development, cultivation

1 A/V-(으)ㄹ망정

1. Used to emphasize an event in the following clause by assuming an extreme situation in the preceding clause.

> **Ex.**
> · 가족과의 인연을 **끊을망정** 절대 꿈을 포기할 수 없다.
> · 내가 10년 다닌 회사를 **그만둘망정** 사장님한테 할 말은 해야겠다.
> · 길에서 모르는 사람한테 돈을 **구걸할망정** 부모님한테 돈을 빌리지는 않을 거야.

2. Used to acknowledge the negative reality of the preceding clause but emphasize the fact that it does not affect what happens in the following clause.

> **Ex.**
> · 그 영화는 흥행에는 **실패했을망정** 평단에서는 높은 평가를 받았다.
> · 우리 아이가 비록 반에서 **꼴찌일망정** 부정행위를 할 아이가 아닙니다.

2 N(으)로(서)

1. Used to succinctly summarize the typical characteristics of an object before going into a full description of the object, and the 서 can be omitted.

> **Ex.**
> · 서울은 대한민국의 **수도로서** 인구가 900만 명이 넘는다.
> · 마당놀이는 한국의 **전통 공연으로서** 노래와 춤, 연기가 어우러진 종합 무대 예술이다.
> · 비빔밥은 밥과 나물을 한 그릇에 넣어 비벼 먹는 **음식으로** 외국인들에게도 인기가 많다.

2. The preceding clause describes the status or qualifications of the subject, giving authority to the action in the following clause.

> **Ex.**
> · 이번 올림픽에는 배구 대표팀 **감독으로서** 참가하게 되었습니다.
> · 저는 사회의 **구성원으로서** 제가 맡은 일들을 성실히 해 나갈 것입니다.
> · 내가 네 **친구로서** 말하는데 주변 사람들에게 좀 친절하게 대해.

The two expressions are completely different in meaning, with N(으)로(서) referring to the status, qualifications, or characteristics of an object and N(으)로(써) referring to a means or method. However, in both expressions, the words 서 and 써 can be omitted, and many Koreans often mispronounce 으로서 as [으로써], so they often mistakenly think of them as the same grammar.

· 친구와 싸웠을 때는 **대화로(써)** 문제를 해결해야 한다.
· 대화는 문제를 해결하는 최고의 **방법으로(서)** 솔직하게 자신의 생각을 말하는 것이 좋다.

읽기 표현

● N에(서) 기인하다

Indicates that an event in a following clause causes or triggers an event or occurrence in a preceding clause.

Ex.
- 동양화와 서양화의 차이는 그림을 그릴 때 사용하는 **재료와 도구의 차이에서 기인한다.**
- 지금 우리나라가 처해 있는 **경제 위기 상황은 내수시장 침체에서 기인했다.**

11

여행하는 삶

11-1 삶과 여행

어휘와 표현

듣기 어휘

한달살이	living for one month	복귀	return
일터	workplace	여행담	account of travel, travelog
전업	career change	전환점	turning point
따분하다	to be boring, to be dull	귀국하다	to return to one's home country
반기다	to greet, to welcome	간직하다	to keep, to treasure
예견되다	to be foreseen	절실하다	to be urgent, to be desperate
돌이키다	to look back	마주하다	to face
나서다	to leave, to set out	전념하다	to devote oneself to
떠오르다	to come across one's mind, to strike	출연하다	to appear
싱숭생숭하다	to feel unsettled and unstable		

기타 어휘

출전하다	to go to war, to go to a sports game	추락하다	to fall, to drop
역량	competence, capability	경유하다	to go via, to stop over
여름철	summer season	알리바이	alibi
전력	electricity, electric power	무죄	innocence, not guilty
견학	field trip, tour	투잡	two jobs
교복	school uniform	패배	defeat
어쩌면	maybe, perhaps, possibly	장기화	being prolonged
수용하다	to accept, to take	꼼짝하다	to wriggle
부근	vicinity	갓길	edge of the road, shoulder
표지판	sign, notice		

박람회	exposition, exhibition	순례길	pilgrimage route
창출하다	to produce (profit), to create (value)	발간하다	to publish
비우다	to empty	무작정	blindly, without any plan
마감	deadline	복직하다	to be reinstated
내음	scent	나름	of one's own
노하우	to know the ropes		

문법

1 V-(으)ㄴ 바 있다/없다

Used to indicate the fact that a previous action has been performed or the presence or absence of such content itself, and that the action is often an abstract fact that does not appear in a concrete form or behavior.

Ex.
- 이 여행지에 대해서는 아직 사람들에게 **알려진 바가 없다.**
- 그 선수는 이미 규모가 큰 대회에 여러 차례 **출전한 바 있다.**
- 우리는 과거에도 여름철 전력 공급 문제로 어려움을 **겪은 바 있다.**

1. For some verbs where the result of the action is persistent (말하다, 생각하다, 원하다, 알다, etc.), V-는 바 있다/없다 is also used.
   - 저는 따로 생각하는 바가 있어서 그 일에는 참여할 수 없습니다.
   - 학교 선생님들도 그 학생에 대해서는 별로 아는 바가 없다고 하시네요.
2. With V-(으)ㄴ 바 있다/없다, 바 can be followed not only by 가, but also a variety of postpositions as combinations.
   - 이 수업 내용에 대해 아직까지 특별히 들은 바는 없습니다.
   - 전에 말한 바도 있지만 오늘 회의에는 모두 참석해 주시기 바랍니다.

It is similar to V-(으)ㄴ 적(이) 있다/없다 in that it refers to the presence or absence of a fact or thing, but it has its own unique differences in usage. These differences are as follows:

Compare!

	V-(으)ㄴ 바 있다/없다	V-(으)ㄴ 적(이) 있다/없다
Usage	Used when indicating the presence or absence of such a fact or its very existence, often used in formal speech situations. • 이 사업은 과거에도 환경에 부정적인 영향을 끼친다는 이유로 **중단된 바 있습니다.** • 우리 회사는 그런 판매 계약을 **체결한 바가 없습니다.**	Used when speaking with a focus on the presence/absence of such an experience or such a time. • 그 마을은 지난번 한국 여행에서도 **방문한 적이 있는** 곳이에요. • 제가 복권에 당첨되는 일은 상상조차 해 **본 적이 없어요.**

2 V-지 않을 수 없다

Used when the speaker emphasizes their opinion or feelings and indirectly expresses that they are compulsory. The speaker feels compelled to do the action or has no choice but to be in that state.

Ex.
- 공항을 경유하면서 짐을 모두 분실하는 바람에 여행을 **포기하지 않을 수 없었다.**
- 저 그림을 완성하기까지 8년이라는 시간이 걸렸다니 **놀라지 않을 수 없습니다.**
- 매일같이 서로 몸을 부딪히면서 함께 운동을 하다 보면 **친해지지 않을 수가 없다.**

1. V-지 않을 수 없다 can also be said in the form of 안 V-(으)ㄹ 수 없다 by using the "안 negative form" which conveys the same meaning in place of -지 않다.
   - 물가는 계속 오르는데 부양가족은 늘어나서 투잡을 생각 안 할 수 없다.
   - 여느 때라면 그런 선물은 거절했을 테지만 몇 번이나 보내셔서 안 받을 수가 없었다.

2. V-지 않을 수 없다 is also used by speakers in public speaking situations, such as speeches, to make an appeal to the audience or to persuade the audience.
   - 어린 생명까지 위협하는 이번 전쟁에 분노하지 않을 수 없습니다.
   - 주민 여러분! 쓰레기 문제를 해결하기 위해서는 우리가 직접 나서지 않을 수 없습니다.

V-지 않을 수 없다 and V-아야/어야 하다(되다) are similar in that they both indicate that an action is imperative. However, the difference is that V-지 않을 수 없다 implies that the speaker is forced to do something due to external circumstances or something that the speaker did not intend to do; whereas V-아야/어야 하다(되다) implies that the speaker intends to do it or that it is a general rule.
- 지난주에 사 놓은 입장권을 잃어버려서 다시 입장권을 **구입하지 않을 수 없었어요.**
- 이 공원에 들어가려면 입장권을 **구입해야 돼요.**

어휘와 표현

읽기 어휘

현지인	native, local (person)	협력	cooperation, collaboration
재사용	reuse	공정	justice, fairness
정화	purification	문명	civilization

지정되다	to be designated	환원되다	to be returned, to be reverted to
존중하다	to respect	동참하다	to participate, to join
치우다	to remove, to clean	채우다	to fill in
앞장서다	to take the lead	초래하다	to cause, to incur
처리하다	to handle	파괴하다	to destruct, to destroy

우호적	friendly, amicable	전환하다	to switch, to change
염두에 두다	to be mindful, to give a thought	침해하다	to intrude, to violate
일정하다	to be constant		

기타 어휘

미식	delicacy, delicious food	주기적	periodic(al), cyclic(al)
가이드	guide	해변	beach
경력자	experienced worker	애쓰다	to try hard, to struggle
함량	content	보육	childcare
바퀴	wheel	확충되다	to be increased, to be expanded
직계	direct line (of descent)	마지못하다	to be reluctant to, to be compelled to
병실	ward, hospital room	보석	jewel, jewelry
면회	visit (a hospital, prison cell, etc.)	요령껏	with trick, with a knack
공통점	commonality	수반하다	to involve, to accompany
노포	long established store	실행되다	to be carried out

일단	first	기존	existing already
장바구니	shopping basket/bag	취지	purpose, meaning
고체	solid	타인	other person
바비큐	barbecue		

1 N(이)라야

Used to refer to something and indicates that it is the exact one that can make the following action or state to be realized, meaning that the noun that precedes it is an essential condition for something to happen.

Ex. · 관광 산업 분야의 **경력자라야** 그 회사에 지원할 수 있습니다.

· 주변 건축물과 비슷한 **높이라야** 조화를 이룰 수 있지 않을까요?

· 굽이 낮은 **구두라야** 오랜 시간 신고 일하기가 편하다.

1. If the preceding noun requires 에 or 에서, it can be used in the form 에라야, 에서라야.
   · 적어도 한 시간이 지난 뒤에라야 검사 결과를 알 수 있다.
   · 나는 비록 좁고 낡은 공간일지라도 내 방에서라야 평안함을 느끼게 된다.
2. It can also be used in the form of (이)라야만 when combined with the postpositional marker 만 to emphasize its meaning.
   · 대표님이라야만 이 문제를 해결할 수 있을 것 같아요.
   · 옛날에는 제사 때라야만 고기를 먹을 수 있었다고 한다.
3. When the following action or fact cannot be realized unless the preceding condition is satisfied, 아니다 can be combined and used in the preceding clause.
   · 모난 성격이 아니라야 사회생활을 잘할 수 있다.
   · 이번에 한 말은 거짓말이 아니라야 신뢰를 회복할 수 있을 텐데요.

2 A/V-(으)ㄴ들

Used to express that even if a situation or condition is assumed and acknowledged, the expected outcome is negated, or the result will be different than expected.

Ex. · 집이 **큰들** 함께 할 가족이 없는데 무슨 의미가 있겠어?

· 보육 시설이 확충되지 않는다면 지원이 **늘어난들** 아이를 낳기는 힘들 것이다.

· 아무리 돈이 많은 **부자인들** 사람들의 마음까지 살 수 있겠어요?

If the following clause is in the past tense, you can use A/V-았/었던들, which is relatively more past, for the preceding clause.
· 아무리 조심했던들 이번 사고를 막을 수 있었을까요?
· 우리가 서로를 좀 더 일찍 알았던들 결혼까지 가기는 힘들었을 거예요.

Careful! Since the speaker is assuming a situation or condition, it's awkward to use A/V-(으)ㄴ들 to talk about something that's already set in stone or certain.
· 밥을 두 그릇이나 먹은들 여전히 배가 고파요. (×)
  → 밥을 두 그릇이나 먹었는데도 여전히 배가 고파요.
· 학생 때는 잠을 아무리 일찍 잔들 아침에 일어나기가 힘들었어요.
  → 학생 때는 잠을 아무리 일찍 자도 아침에 일어나기가 힘들었어요.

● N을/를 바탕으로 (하다)

Indicates that an action is based on or fundamental to something that is done before it.

Ex. ・그 영화는 **실화를 바탕으로** 만든 것이다.

・우리의 전통문화는 **토속 신앙을 바탕으로 해서** 형성된 것입니다.

CHAPTER 12 대중문화와 미디어

12-1 미디어 환경의 변화

어휘와 표현

듣기 어휘

텍스트	text (actual words)	저작권	copyright
시나리오	scenario	소감	one's impressions
흐름	flow		
뒤엎다	to go against one's expectation	뽑아내다	to pull out
규제하다	to regulate	번화하다	to be splendid and active in commercial activities
예고하다	to notify previously	삽입되다	to be inserted
접목되다	to be grafted, to be combined	폄하하다	to underrate, to belittle
공식	formula, method	입력하다	to input
생성하다	to generate	혁명적	revolutionary
생태계	ecosystem		

기타 어휘

방송국	broadcasting station, broadcasting company	뚝딱	an adverb describing one handling a job easily without a pause
납세	payment of taxes	객석	seat, auditorium
중립	neutrality	통로	aisle, path
관계자	interested party/person	지상파	terrestrial TV/radio
하프 마라톤	half marathon	심도	depth
다하다	to fulfill, to devote	국제기구	international organization
불치병	terminal disease	방송 작가	broadcasting writer
난치병	incurable disease	대체	replacement, substitution
화석 연료	fossil fuel		

핀잔	telling off, scolding	영사기	projector
정서	sentiment, feeling	조명	lightning, lamp
정감(이) 어리다	for emotion to be tinged with	토대로	with the foundation of, on the basis of

문법

 A-(으)ㄴ 이상, V-는 이상

Indicates that the content of the preceding clause is a precondition or condition for the content of the following clause.

Ex.
- 몸 상태가 지금처럼 **안 좋은 이상** 다음 경기에는 출전하기 어렵겠다.
- 미디어 환경과 시청자의 요구가 **달라진 이상** 방송도 그에 따라 변화해야 합니다.
- 대한민국 국민으로 **태어난 이상** 납세의 의무를 다해야 한다.
- 대통령은 그 신분이 **공무원인 이상** 정치적 중립의 의무를 지켜야 한다.
- 지금처럼 날씨가 **추운 이상** 야외 촬영은 취소할 수밖에 없겠어요.

> Also used in the form of A-지 않은 이상, V-지 않는 이상, or N이/가 아닌 이상 to indicate that something in the following clause cannot happen unless the condition of the preceding clause is provided. Especially in the case of adjectives, the form −지 않은 이상 is more common than the form −(으)ㄴ 이상.
>
> - 정말 급하지 않은 이상 나한테 전화하지 마.
> - 최선을 다해 노력하지 않는 이상 원하는 결과를 얻을 수 없다.
> - 이곳은 관계자가 아닌 이상 들어올 수 없습니다.

Compare! The expressions V-는 한 and A-(으)ㄴ 이상, V-는 이상 have the meaning of A/V-(으)면 and used in similar occasion with the aspect that presents a certain conditions for describing the following clause. However, −는 한 can only be combined with verbs and cannot be used for things that have already happened, so it cannot be used in the past tense. On the other hand, −는 이상 can be combined with adjectives and nouns, and can be used hypothetically for things that have already happened.

- 내가 이 팀에서 주장으로 뛰는 한 우승 트로피를 놓치는 일은 없을 것이다.
- 내가 이 팀의 주장인 이상 우리 팀이 우승 트로피를 놓치는 일은 없을 것이다.

② N은/는 말할 것도 없고

Indicates that something already mentioned is included as a matter of course, and that anything additional will be included.

 • **가족들은 말할 것도 없고** 친척 어른들까지 내 졸업식에 오기로 했다.

• 무료 콘서트에 다녀왔는데 **객석은 말할 것도 없고** 통로까지 사람이 꽉 차서 너무 위험한 상황이었어요.

• **인터넷에서는 말할 것도 없고** 지상파 방송의 뉴스에서까지 두 배우의 열애 소식을 심도 있게 다루고 있다.

• 새로 뽑은 알바생은 정말 성실해서 가게에 **일찍 나오는 건 말할 것도 없고** 마지막까지 남아서 가게 정리를 다 하고 퇴근하더라고요.

> When written in the form of N은/는 말할 것도 없이, the content of the following clause is taken for granted, and the preceding noun is often omitted.
>
> 가 자녀의 올바른 성장을 위해 가장 필요한 것은 무엇일까요?
> 나 말할 것도 없이 부모의 관심과 애정이죠.

어휘와 표현

읽기 어휘

도파민	dopamine	MZ 세대	MZ Generation (both Generation Z [Gen Z] and Millennials)
디톡스	detox	밈	meme
디지털	digital		
솟구치다	to surge	유도하다	to induce, to provoke
충족시키다	to satisfy, to fill (the need)	급부상하다	to rise meteorically
유익하다	to be helpful, to be beneficial	간결하다	to be concise, to be simple
우려하다	to worry, to feel anxious	강화하다	to reinforce, to strengthen
연관성	connection	측면	aspect
직관적	intuitive	효율적	efficient
창의적	creative		

기타 어휘

딱히	(nothing) in particular	한정판	limited edition
예술품	work of art	웬만하다	to be tolerable
수집하다	to collect	얄밉다	to be unpleasant, to be nasty
가속화	accelerating	제조업체	manufacturing company
소멸되다	to be extinct	건설업	construction industry
몰락하다	to collapse		
팍팍	an adverb describing the state of certain objects, phenomena, etc., appearing or disappearing a lot	선도국	leading country
		재도입하다	to reintroduce
		방침	policy, plan
클립	clip	활자	font, type
하이라이트	highlight	상실	loss
최적	optimum	근본적	fundamental, radical
유머	humor	고지식하다	to be uncompromising, to be inflexible
마케팅	marketing	심심하다	to be profound, to be deep
비지니스	business	그다지	not greatly, not that much
저해하다	to hinder, to disrupt		

1 A-다기보다는, V-ㄴ/는다기보다는

Used to indicate that the content of the following clause is a more appropriate description of the situation than the content of the preceding clause.

- 그 사람을 **좋아한다기보다는** 아낀다고 말하는 게 맞을 것 같네요.
- 딱히 맛이 **없다기보다는** 뭔가 좀 부족하다고나 할까?
- **싸웠다기보다는** 의견이 안 맞아서 심각하게 이야기 좀 했어.
- 평소 하는 걸 보면 두 사람은 **부부라기보다는** 엄마랑 아들 같아요.
- 대회 우승이 **목표였다기보다는** 열심히 하다 보니 좋은 결과가 나온 것 같습니다.

> Also used in the form of A/V-아/어서라기보다는 to indicate a reason.
> - 맛이 없어서라기보다는 입에 안 맞아서 남겼어.
> - 예술품을 수집하는 건 돈이 많아서라기보다는 예술을 사랑하기 때문이에요.

2 V-(으)려고 들다

Used to indicate that you are actively trying to do something with some purpose or intention.

- 내가 평소에 요리를 안 해서 그렇지 **하려고 들면** 요리사 못지 않아.
- 높은 가격으로 올려도 한정판이니까 웬만하면 **사려고 들** 거예요.
- 너무 자기 이익만 **챙기려고 드는** 사람들을 보면 화가 나서 참을 수 없어요.
- 우리 팀 막내는 신입 사원답게 뭐든지 **배우려고 들어서** 참 보기 좋아요.

> Also used in the form of V-(으)려고만 들다, N만 V-(으)려고 들다.
> - 친구가 음식 준비할 때 도울 생각은 안 하고 먹으려고만 들어서 어떨 땐 좀 얄미워요.
> - 우리 딸은 어쩌다 쉬는 날에도 외출은커녕 자려고만 들어서 큰일이에요.
> - 수입은 적은데 명품만 사려고 드는 사람들을 보면 한심하다는 생각이 든다.

◯ 목소리가 높아지다 / 커지다

Indicates that numerous people are making specific demands or claims.

- 학생들의 문해력이 눈에 띄게 낮아지면서 독서 교육 강화에 대한 **목소리가 높아지고** 있다.
- 시장의 비리 사실이 밝혀지자 사퇴를 요구하는 **목소리가 커지고** 있다.

Chapter 07 스포츠와 심리

7-1 경기의 규칙

· **문법**

1 A-(으)ㄴ 셈이다, V-는 셈이다

사실은 그렇지 않으나 상황을 고려했을 때 사실이라고 판단해도 될 정도이거나 결과적으로 그러함을 나타낼 때 사용한다.

참고 'A/V-았/었던 셈이다'의 형태로도 사용한다.

2 N에도 불구하고

선행절의 상태나 상황으로 예상할 수 있는 것과 다른 결과 혹은 반대의 결과가 후행절에 나타날 때 사용한다.

참고 'A/V-(으)ㅁ에도 불구하고', 'A-(으)ㄴ데도 불구하고, V-는데도 불구하고'의 형태로도 사용되는데 'A/V-(으)ㅁ에도 불구하고'는 주로 글에서, 'A-(으)ㄴ데도 불구하고, V-는데도 불구하고'는 말할 때 주로 사용된다.

7-2 몸과 마음의 균형

· **문법**

1 A/V-지 않고서는

선행절의 내용이 당연하거나 필수적임을 강조하여 그렇지 않을 경우 후행절의 상황이 불가능함을 나타낼 때 사용한다.

참고 명사의 경우 'N이/가 아니고서는'의 형태로 사용한다.

주의 후행절에는 주로 '-(으)ㄹ 수 없다', '-기 어렵다', '-지 못하다', '불가능하다' 등의 부정적 표현이 사용된다.

2 A-다고 해도 과언이 아니다, V-ㄴ/는다고 해도 과언이 아니다

어떤 상황을 설명할 때 제시된 표현을 사용한다고 해도 정도가 지나치거나 과장이 아님을 강조할 때 사용한다.

비교	A-(으)ㄴ 셈이다 V-ㄴ/는 셈이다	A-다고 해도 과언이 아니다 V-ㄴ/는다고 해도 과언이 아니다
	실제는 제시된 사실에 미치지 못하나 결과적으로는 거의 같다는 의미를 나타낼 때 사용함. • 1등 없는 2등을 차지했으니 결국 제일 뛰어난 선수로 **인정받은 셈이다.**	실제 사실보다 과장되게 표현해도 될 정도임을 강조할 때 사용함. • 이 경기가 테니스 역사상 가장 빛나는 **경기라고 해도 과언이 아니다.**

• 읽기 표현

> A-(으)ㄴ 지경에 이르다, V-는/(으)ㄹ 지경에 이르다
>
> 상황이 어떠한 정도의 상태가 되었음을 의미한다.

Chapter 08 현대인의 정신 건강 ‒‒‒

8-1 중독 관리

• 문법

1 A/V-아/어 봤자

1. 그 행위를 하더라도 효과가 없거나 좋은 결과를 얻지 못할 것이 예상될 때 사용한다. '어차피' 등과 함께 자주 쓰는데 뒤에는 '소용없다' 등의 부정적인 내용이 온다.

2. 생각보다 대단하지 않음을 나타내는 과소평가의 의미를 나타낸다. 'A/V-아/어 봤자 얼마나 A/V-겠어요?'와 같이 의문문 형태로 주로 사용한다.

2 V-기 일쑤이다

어떤 행동을 자주 하거나 부정적인 사건이 반복해서 쉽게 발생하는 것을 나타낸다. '걸핏하면', '툭하면' 등의 부정적인 부사와 잘 어울린다.

참고 '일쑤이다'나 '일쑤다'를 모두 쓸 수 있다.

비교	V-기 일쑤이다	V-곤 하다
행동이 반복된다는 점에서 같다. • 나는 우산을 들고 나가면 **잃어버리기 일쑤이다.** • 나는 우산을 들고 나가면 **잃어버리곤 한다.**		
부정적인 결과가 반복됨을 나타낸다. • 나는 건망증이 심해서 우산을 들고 나가면 **잃어버리기 일쑤이다.**	장기간에 걸쳐 같은 행동을 반복한다는 의미를 가진다. • 가슴이 답답할 때는 산책을 하거나 등산을 **하곤 한다.**	

8-2 우울과 불안

• **문법**

1 A-(으)ㄴ가 하면, V-는가 하면

한 대상의 다양한 면을 나타낼 때 사용하거나 서로 다른 성격을 가진 두 대상을 비교하여 나타낼 때 사용한다. 대조적인 면을 보여 주거나 다른 내용의 이야기를 덧붙일 때에도 쓴다. 'N이/가 있는가 하면'의 형태가 자주 쓰인다.

참고 문장과 문장 사이에서 '그런가 하면'의 형태로 쓰이기도 한다.

2 A/V-지

1. 앞의 상황을 긍정하고 뒤의 상황을 부정할 때 주로 사용한다. 명사의 경우 'N(이)지 N이/가 아니다'와 같이 쓸 수 있다.

2. 의문문의 형태로 'A/V-(으)면 A/V-지 왜?'와 같이 쓰여 앞의 내용을 강조하여 말할 때도 사용한다. 상대방의 잘못이나 부족한 점을 지적하는 느낌을 준다.

참고 'A/V-(으)면 A/V-았/었지', 'A/V-았/었으면 A/V-았/었지' 등의 형태로 쓰여 강한 부정이나 거부 의지를 나타낼 때 쓰기도 한다.

• **읽기 표현**

문턱이 높다
들어가거나 상대하기가 어려움을 나타낸다.

Chapter 09 가치관의 변화

9-1 일과 삶의 조화

- **문법**

  ❶ A/V-(으)ㄹ 법하다

  말하는 사람이 봤을 때, 어떤 상황이 실제 일어날 만한 가능성이 높거나 그럴 만한 이유가 있어 보이는 경우에 사용한다.

  > **참고** 특정한 조건이나 상황에서의 발생 가능성을 강조하고자 할 때는 '(이)나'를 붙인다.

  > **비교** 'A/V-(으)ㄹ 법하다'는 말하는 사람이 봤을 때, 어떤 상황이 일어날 가능성이 높거나 그럴 이유가 있어 보일 때 사용한다. 'A-(으)ㄴ 법이다, V-는 법이다'는 세상의 당연한 이치를 말할 때 사용한다.

  ❷ A/V-(으)ㄹ 테지만

  말하는 사람이 앞의 내용은 강하게 추측하지만 뒤의 내용은 그것과 반대되거나 다를 수 있음을 나타낸다.

9-2 고령화 시대와 가족

- **문법**

  ❶ A/V-(으)면 그만이다

  문제가 해결되었거나 이미 그 상황으로 충분히 만족스럽다는 것을 나타낸다.

  ❷ N은/는 고사하고

  앞의 내용은 말할 것도 없이 불가능하고, 그보다 쉬운 뒤의 내용 역시 쉽지 않음을 나타낸다.

  > **참고** 1. 형용사, 동사와 함께 사용할 경우 'A-(으)ㄴ 것은 고사하고, V-는 것은 고사하고'의 형태를 쓴다. 이때에는 동사와 결합한 'V-는 것은 고사하고'가 주로 쓰인다.
  > 2. 'N은/는 고사하고'는 큰 의미 차이 없이 'N은/는커녕'과 바꿔 쓸 수 있다.

- **읽기 표현**

  A-(으)ㄴ 까닭에, V-는 까닭에

  '어떠한 원인 때문에'라는 의미로 사용한다. 여기에서 '까닭'이란 어떤 일이 생기게 된 원인이나 조건을 뜻한다.

예술을 보는 눈

10-1 다양한 예술의 세계

- **문법**

  1 A-(으)ㄴ 걸(요), V-는걸(요)

  상대방이 얘기하는 바에 대해 상황을 설명하면서 가볍게 반박하거나 반대 의견을 말할 때 사용한다. 예상 밖의 좋은 결과나 의견에 대한 감탄을 나타내기도 한다.

  참고 회상을 나타내는 'A/V-던걸'과 추측을 나타내는 'A/V-겠는걸'도 자주 사용된다.

  2 A-(으)ㄴ 듯(이), V-는 듯(이)

  말하고자 하는 대상의 구체적인 상태를 상대가 머릿속에 쉽게 떠올릴 만한 모습에 비유하여 설명할 때 사용한다. '이'를 생략하여 쓰기도 한다.

  주의 말하는 것처럼 화자에게 전달하는 경우 'A-다는 듯이, V-ㄴ/는다는 듯이'의 형태로 쓰이기도 한다.

  참고 '쥐 죽은 듯이 조용하다', '씻은 듯이 낫다'와 같이 관용 표현처럼 굳어져 쓰이는 표현들이 많이 있다.

10-2 동양화와 서양화

- **문법**

  1 A/V-(으)ㄹ망정

  1. 후행절의 일을 강조하기 위해 선행절의 극단적인 상황을 가정하여 말할 때 사용한다.
  2. 선행절의 부정적 현실은 인정하지만 그것이 후행절의 일에 영향을 미치지 않는다는 사실을 강조하여 말할 때 사용한다.

  2 N(으)로(서)

  1. 대상에 대해 본격적으로 설명하기에 앞서 대상의 대표적인 특징 등을 간결하게 정리하여 말할 때 사용하며 '서'는 생략할 수 있다.
  2. 선행절에서 대상의 지위나 신분, 자격 등을 설명하여 후행절의 행위에 당위성을 부여한다.

  비교 'N(으)로(서)'는 대상의 지위나 자격, 특징을 나타내고 'N(으)로(써)'는 수단이나 방법을 의미하는 표현으로 그 의미가 전혀 다르다. 그러나 두 표현 모두 '서'와 '써'의 생략이 가능하고 한국 사람들도 '으로서'를 [으로써]로 잘못 발음하는 경우가 많아 두 표현을 동일한 문법처럼 생각하고 잘못 쓰는 경우가 많다.

- 읽기 표현

> N은/는 N에(서) 기인하다
>
> 후행절의 일이 원인이나 계기가 되어 선행절의 사건이나 일이 시작된다는 의미이다.

Chapter 11 ▶ 여행하는 삶

11-1 삶과 여행

- 문법

1 V-(으)ㄴ 바 있다/없다

앞의 행위를 한 사실이나 그러한 내용 자체의 유무를 나타낼 때 사용하며, 이때의 행위는 구체적인 모습이나 동작으로 나타나지 않는 추상적인 사실일 때가 많다.

참고 1. 행위의 결과가 지속성을 가지는 일부 동사(말하다, 생각하다, 원하다, 알다 등)의 경우 'V-는 바 있다/없다'의 형태로 쓰이기도 한다.

2. 'V-(으)ㄴ 바 있다/없다'에서 '바' 뒤에는 '가' 외에도 다양한 조사가 결합되어 사용될 수 있다.

비교 어떤 사실이나 그러한 일의 유무를 나타낸다는 점에서 'V-(으)ㄴ 적(이) 있다/없다'와 비슷하지만, 다음과 같이 용법에서 고유한 차이가 있다.다.

	V-(으)ㄴ 바 있다/없다	V-(으)ㄴ 적(이) 있다/없다
용법	그러한 사실 또는 그 존재 자체의 유무를 나타내는 말로서 격식적인 발화 상황에서 많이 사용된다. • 이 사업은 과거에도 환경에 부정적인 영향을 끼친다는 이유로 **중단된 바 있습니다.** • 우리 회사는 그런 판매 계약을 체**결한 바가 없습니다.**	그러한 경험 또는 그러한 때가 있고 없음에 초점을 두고 말할 때 주로 사용된다. • 그 마을은 지난번 한국 여행에서도 **방문한 적이 있는** 곳이에요. • 제가 복권에 당첨되는 일은 상상조차 **해 본 적이 없어요.**

② V-지 않을 수 없다

화자가 자신의 의견이나 감정을 강조하며 이것이 당위적인 것임을 간접적으로 표현할 때 사용한다. 즉 어떤 상황으로 인해 그 행위를 꼭 해야 한다거나 또는 어쩔 수 없이 그러한 상태가 될수밖에 없다는 의미를 나타낸다.

> 참고 1. 'V-지 않을 수 없다'는 '-지 않다'의 자리에 동일한 의미의 '안' 부정형을 사용해서, '안 V-(으)ㄹ 수 없다'의 형태로도 말할 수 있다.
>
> 2. 'V-지 않을 수 없다'는 연설과 같은 공적 말하기 상황에서 화자(연설자)가 청중들에게 어떤 것을 호소하거나 청중들을 설득하기 위한 목적으로 사용하기도 한다.

> 비교 'V-지 않을 수 없다'와 'V-아야/어야 하다(되다)'는 어떠한 행위가 당위적인 것임을 나타낸다는 점에서는 비슷하다. 하지만 'V-지 않을 수 없다'가 외부적 상황이나 화자가 의도하지 않은 어떤 사정으로 인해 그렇게 할 수밖에 없다는 의미를 나타내는 데 비해, 'V-아야/어야 하다(되다)'는 화자가 의도해서 그렇게 한다거나 일반적인 규정에 따라 그렇게 한다는 의미를 나타낸다는 차이가 있다.

11-2 지속 가능한 여행

· 문법

① N(이)라야

어떤 것을 가리켜 말하면서 꼭 그것일 때에만 뒤에 오는 행위나 상태가 실현될 수 있음을 나타낸다. 즉, 앞에 오는 명사가 어떤 상황이 발생하는 데 필수적인 조건이 됨을 의미할 때 사용된다.

> 참고 1. 앞에 오는 명사가 '에'나 '에서'를 필요로 하는 경우 '에라야', '에서라야'의 형태로 사용할 수 있다.
>
> 2. 그 의미를 강조하기 위해 조사 '만'과 결합한 '(이)라야만'의 형태로도 쓰인다.
>
> 3. 어떤 것이 아니라는 조건에서 뒤에 오는 행위나 상태가 실현될 수 있음을 나타낼 때는 '아니다'와 결합한 형태를 사용할 수 있다.

② A/V-(으)ㄴ들

어떤 상황이나 조건을 가정하여 그것을 인정한다고 해도 그 결과로서 기대되는 내용이 부정되거나, 결과가 예상과는 다르게 나타날 것임을 표현할 때 사용된다.

> 참고 후행절이 과거 시제인 경우 상대적으로 더 과거가 되는 선행절에는 'A/V-았/었던들'을 사용할 수 있다.

> 주의 어떤 상황이나 조건을 가정하여 말하는 것이므로, 이미 정해져 있거나 확실한 사실에 대해 'A/V-(으)ㄴ들'을 사용해서 말하면 어색한 문장이 된다.

- 읽기 표현

> N을/를 바탕으로 (하다)
> 앞의 것을 기본이나 근본으로 해서 어떤 행위가 이루어짐을 나타낸다.

 Chapter 12 대중문화와 미디어 ⸺⸺⸺⸺⸺⸺⸺⸺⸺⸺⸺⸺⸺⸺⸺⸺⸺⸺⸺⸺⸺⸺⸺

12-1 미디어 환경의 변화

- 문법

❶ A-(으)ㄴ 이상, V-는 이상
선행절의 내용이 후행절의 내용에 대한 전제나 조건이 됨을 나타낸다.

> 참고 'A-지 않은 이상', 'V-지 않는 이상', 'N이/가 아닌 이상'의 형식으로 사용되어 선행절의 조건이 전제되지 않으면 후행절의 일도 불가함을 나타내기도 한다. 특히 형용사의 경우에는 '-(으)ㄴ 이상'의 형식보다는 '-지 않은 이상'의 형식이 많이 사용된다.

> 비교 'V-는 한'과 'A-(으)ㄴ 이상, V-는 이상'의 두 표현은 모두 'A/V-(으)면'의 의미를 가지며 후행절의 기술을 위한 일정한 조건을 제시한다는 점에서 비슷하게 사용된다. 다만 '-는 한'의 경우는 동사와만 결합하고 이미 일어난 일에는 사용할 수 없으므로 과거형으로 사용하지 못한다. 반면 '-는 이상'은 형용사나 명사와도 결합이 가능하고 이미 일어난 일에 대해서 가정하여 말할 수 있다.

❷ N은/는 말할 것도 없고
이미 언급된 것은 당연히 포함되어 있고 이에 추가적인 것까지 포함될 것임을 나타낸다.

> 참고 'N은/는 말할 것도 없이'의 형태로 쓰는 경우 후행절의 내용이 지극히 당연한 일임을 나타내며 선행하는 명사가 생략되기도 한다.

12-2 뉴 미디어 시대의 과제

· 문법

❶ A-다기보다는, V-ㄴ/는다기보다는
선행절의 내용보다 후행절의 내용이 상황을 더 적절하게 표현하는 것임을 나타낼 때 사용한다.

[참고] 이유를 나타낼 때 'A/V-아/어서라기보다는'의 형태로도 사용된다.

❷ V-(으)려고 들다
어떤 목적이나 의도를 가지고 적극적으로 특정한 행동을 하려는 것을 나타낼 때 사용한다.

[참고] 'V-(으)려고만 들다', 'N만 V-(으)려고 들다'의 형태로도 사용된다.

· 읽기 표현

목소리가 높아지다 / 커지다
특정한 요구나 주장을 하는 사람들이 늘어남을 나타낸다.

MEMO

MEMO

MEMO

MEMO